FETT
NÄPF
CHEN
FÜH
RER

**CON
BOOK.**

Nadine Luck ist Journalistin, Autorin und Bloggerin. Ihre Themen sind das Reisen in die nähere Umgebung und in die Ferne sowie das Daheimsein mit der Familie, etwa auf ihrem Blog »Mama und die Matschhose«. Sie ist Mutter von zwei Kindern und lebt in Bamberg.

www.mama-und-die-matschhose.de

WEIHNACHTEN

FETTNÄPFCHENFÜHRER

DA HABT IHR DIE BESCHERUNG

NADINE LUCK

1. Auflage
© Conbook Medien GmbH, Neuss, 2019
Alle Rechte vorbehalten

www.conbook-verlag.de

Dieses Werk wurde vermittelt durch die Literaturagentur
Kai Gathemann.
Einbandgestaltung: Weiß-Freiburg GmbH – Graphik &
Buchgestaltung unter Verwendung eines Motivs von
© iStockPhoto.com / Orbon Alija
Satz: Röser MEDIA, Karlsruhe
Druck und Verarbeitung: GGP Media GmbH, Pößneck

Printed in Germany

ISBN 978-3-95889-272-9

Folgen Sie uns!

*Wir informieren Sie gerne und regelmäßig über
Neuigkeiten aus der Welt des CONBOOK Verlags.
Folgen Sie uns für News, Stories und Informatio-
nen zu unseren Büchern, Themen und Autoren.*

www.conbook-verlag.de/newsletter

www.facebook.com/conbook

 www.instagram.com/conbook_verlag

INHALT

Für Antonia und Valentin – frohe Weihnachten!

1 WIE ALLES BEGANN ...

WARUM WEIHNACHTEN?

Gurian ist euphorisch. Zugleich ist ihm speiübel. Er atmet tief ein und aus, ein und aus. Dann entdeckt er das schwach beleuchtete Display vor sich, ganz unten an der Wand, die er im Dunklen ertastet hat. Er bückt sich und gibt die PIN ein: »2226« – damit er nicht vergisst, woher er kommt, wie Professor Zilius gewitzelt hat.

Es klappt.

Die Tür öffnet sich. Wahnsinn! Gurian schreitet im Bewusstsein aus der Zeitkapsel, gut 200 Jahre in die Vergangenheit gereist zu sein. Jünger fühlt er sich allerdings nicht, im Gegenteil – jeder einzelne seiner 31 Jahre alten Knochen schmerzt. Aber gut, es war eine extreme Reise. Er betrachtet die Kapsel noch mal von außen: Sie sieht tatsächlich wie ein verplombter Müllcontainer aus, was für eine gute Tarnung! Gurian prägt sich den Standort genau ein, immerhin muss er in ein paar Wochen zurückkommen. Dann erinnert er sich, dass da ja noch Geld sein müsste. Er betritt die Kapsel erneut, entdeckt den Rucksack mit den vielen Euro-Münzen und -Scheinen – die Währung der Menschen in der Epoche, in der er sich jetzt befindet. Er schultert das Gepäck. Nun geht es los.

Ihm fällt als Erstes auf, dass es anders riecht als 200 Jahre später. Extremer. Gurians Bauch schmerzt, ihm ist schwindelig. Nochmals tief durchatmen.

Leise ist es. Da sind weder Drohnen noch Roboter auf Botengängen unterwegs, keine Flugautos, die durch die Lüfte düsen. Elektronische Stimmen sind auch nicht zu hören. Langsam durchschreitet Gurian den Hinterhof der Universität, in der seine Zeitreise mehr als 250 Jahre lang organisiert wird. Mit einer Hand umschließt er seinen Brustbeutel.

Darin stecken die Beweise für seine Identität, die er seiner Familie aus der Vergangenheit vorlegen wird: einer der Eheringe der Hollerbachs und das inzwischen vergilbte Familienfoto, auf dem sie mit ihren drei Kindern zu sehen sind. Er wird auf seiner Mission die Menschen, die aus Sicht der Zukunft bereits mehr als 100 Jahre tot sind, zum Leben erwecken, mit ihnen sprechen, sie kennenlernen – sofern sie das zulassen. Hoffentlich glauben sie ihm!

Die Halloween-Nacht erschien Professor Zilius äußerst geeignet für Gurians Ankunft in der Vergangenheit, immerhin ist es das größte Familien- und Freundesfest im Jahreskalender. Da würden ihm doch die Verwandten nicht die Tür vor der Nase zuschlagen?

Gurian kennt den Weg zu ihrem Haus, die Straße existiert auch noch in 200 Jahren. Die Flugtaxistation gleich an der Universität gibt es leider noch nicht, aber er hat auch gar nichts dagegen, auf einem Spaziergang die Gegend zu inspizieren. Die Gebäude sehen sehr einfach aus. An den Fassaden sind keine Werbescreens zu sehen. An Fenstern und Balkonen ist keine opulente Halloween-Kulisse angebracht, Gurian sieht nur ab und zu ein paar Kürbisse mit eingeschnitzten Fratzen vor den Türen stehen. In den ausgehöhlten Gewächsen scheinen

Kerzen zu flackern. Gut 200 Jahre später würden an denselben Stellen als Deko gruselige Geisterschiffe in Originalgröße zu sehen sein, die um die Häuser zu segeln scheinen und deren Besatzungen jeden, der an die Tür klopft, erst einmal mit schaurigem Gesang begrüßen. Sehr minimalistisch ist das alles hier, in der Vergangenheit. Gurian war auch noch nie in solch einer dunklen Stadt unterwegs, dabei befindet er sich gar nicht im tiefsten Mittelalter.

Endlich steht er vor dem Haus der Hollerbachs. Der Moment, vor dem er solchen Respekt hatte, ist gekommen: Er würde seine Familie sehen – seine Familie, die längst tot ist. Und er muss sich als der Verwandte vorstellen, der noch lange nicht geboren und dennoch schon 31 Jahre alt ist. Professor Zilius hat recht: Die Nacht der lebenden Toten eignet sich tatsächlich bestens für den Start seiner Mission.

Das Mädchen macht auf – Sophie.

»Das ist ein tolles Kostüm«, sagt sie mit Blick auf seine metallene Jacke, deren Stimmrekorder hier, in der Vergangenheit, nutzlos sein dürfte. »Du kannst eine Praline haben.« Sie hält ihm einen Teller voller Schokoladenbonbons hin. »Du bist der erste Erwachsene, der klingelt. Sonst waren nur Kinder da.«

»Das ist nett«, sagt Gurian. »Aber dürfte ich zuerst deine Eltern sprechen?«

»Äh ... «, wundert sich das Mädchen und ruft nach der Mutter.

»Kann ich Ihnen helfen?«, fragt Annette, die herangeeilt kommt und das Mädchen an sich zieht. Sie sieht Gurian neugierig an. Bemerkt sie bereits eine Ähnlichkeit? Etwa die smaragdgrünen Augen, die sie und ihre Kinder haben – genau wie Gurian? Das jedenfalls entdeckte Professor Zilius als Erstes, als er das Familienfoto der Hollerbachs sah.

»Frau Hollerbach, es klingt verrückt ...«, fängt Gurian an. Und als Jürgen dazukommt, umreißt er in wenigen Sätzen seine Mission und holt schließlich die Beweise hervor. Er zeigt ihnen den Ehering, den er geerbt hat. »A & J, 23. Juli 2009« ist eingraviert.

»Wo haben Sie den denn her?«, fragt Jürgen. Er hat ihn verlegt und weiß nicht, wo. Annette und er hatten schon Streit deswegen.

Gurian weiß auch nicht, wo Jürgen ihn verloren hat – doch: Seine Großmutter hat ihn gehabt, als Erbstück ihrer Eltern, also muss er offenbar in der Vergangenheit, die jetzt noch Zukunft ist, wieder aufgetaucht sein. Gerne gibt er ihn zurück. Dann holt er das Foto heraus.

Annette reißt es ihm aus der Hand. Darauf sind sie und Jürgen und drei Kinder zu sehen. »Warum sind da drei Kinder drauf?«, fragt sie, und ihre Stimme bricht ab.

»Na, Sie mit Ihren drei Kindern eben ...«, sagt Gurian. »Eins hat mir doch die Tür auf...«

»Wir haben nur zwei Kinder«, unterbricht ihn Annette, ihr wird schwummrig. Wenn das Bild keine Fälschung ist, wenn der Mann wirklich aus der Zukunft stammt, dann würde das bedeuten, dass sie bald noch ein Kind bekommen sollten. Einen Jungen. Ein Glücksgefühl macht sich in ihr breit. Kann das sein?

Alles, was der Mann sagt, klingt unglaublich – und doch bitten sie ihn ins Haus und geben ihm die Gelegenheit, die gesamte Geschichte zu erzählen. Die smaragdgrünen Augen sind Annette tatsächlich sofort aufgefallen ...

Gurian redet und redet und fordert sie auf, die ersten Forschungen zur Zeitreise in der Universität einzusehen, an der zahllose Wissenschaftler bereits jetzt arbeiten – auch wenn sie noch in den Kinderschuhen stecken. Er erzählt weiter, dass beim größten Hackerangriff in der Geschichte der Menschheit im Jahr 2137 viel Wissen über die Gepflogenheiten des 21. Jahrhunderts und der Jahrhunderte davor verloren gegangen sind. Dieses soll er zurückholen, etwa über Alltagsbräuche und ein Fest namens Weihnachten, über das er zum Beispiel recherchieren soll.

»Das feiern Sie ähnlich groß wie Halloween, oder?«, fragt er.

Die Hollerbachs wissen nicht, ob sie entsetzt sein oder lachen sollen.

»Groß wie Halloween? Halloween ist sehr umstritten, das mag nicht jeder ...«, sagt Jürgen.

»Oh, dann feiern Sie Weihnachten gar nicht so opulent?«, will Gurian wissen.

»Doch, natürlich. Das wissen Sie wirklich nicht? Es ist das Fest der Feste!« Annette ist schockiert. »Gottes Sohn, Jesus, ist dann geboren. Heißt das, Sie kennen Weihnachten in der Zukunft nicht mehr?«

»Gottes Sohn?« Gurian blickt sie entgeistert an. Wovon spricht sie? »Ein Gott soll einen Sohn haben – und das feiern Sie? Ganz im Ernst?«

Annette blickt ebenso entgeistert. »Das ist aber nicht *Verstehen Sie Spaß?* jetzt, oder?«, fragt sie.

Die Hollerbachs können Gurians Erzählungen nicht glauben, und irgendwann glauben sie sie doch. Gurian weiß zwar nichts über Weihnachten, aber er kennt ihre gesamte Familiengeschichte, und zwar mit so vielen Details, wie sie ein Unbekannter nicht recherchieren könnte. Obwohl alles so ungeheuerlich klingt, siegt die Neugier der Hollerbachs. Sie laden den Verwandten aus der Zukunft ein, die kommenden Wochen bei ihnen zu verbringen, denn die Gelegenheit, einen dermaßen persönlichen Blick in die Zukunft werfen und mit dem Verwandten aus der Ferne sogar Weihnachten feiern zu können – die wollen sie ergreifen.

O du Peinliche

Für einen Menschen aus der Zukunft klingt die Geschichte der Geburt Jesu so unglaublich wie für die Hollerbachs die Geschichte von Gurians Zeitreise. Mit etwas Abstand betrachtet, ist es offenbar schwer vorstellbar, dass dieses Ereignis 2.000 Jahre später mit allem Pomp gefeiert wird. Auch aus heutiger Sicht darf darüber gestaunt werden, dass Weihnachten für so viele Menschen das wichtigste Fest im Jahr ist. Natürlich halten zumindest gläubige Christen nicht Halloween für das »beste Fest des Jahres« – aber Ostern könnte der Titel grundsätzlich schon gebühren, denn: Weihnachten feiern die Menschen die Geburt Jesu; Ostern hingegen feiern sie, dass er von den Toten auferstanden ist. Das ist natürlich wesentlich bahnbrechender und Grund genug dafür, dass Ostern aus kirchlicher Sicht das bedeutendste Ereignis im Jahreskalender ist. Wie konnte es daher passieren, dass Weihnachten dem wundersamen Osterfest den Rang abgelaufen hat?

Nun ja: Weihnachten hat diesbezüglich einen langen Weg hinter sich. In den ersten Jahrhunderten des Christentums feierten die Menschen lediglich Jesu Auferstehung. Erst ab dem frühen vierten Jahrhundert gibt es Belege dafür, dass auch der Geburt gedacht wurde – allerdings wohl in eher beschaulichem Rahmen, in Form von Gottesdiensten. Wäre es dabei geblieben, wäre das Weihnachtsfest für die Masse der Menschen heute kaum bedeutungsvoller als Festtage wie Christi Himmelfahrt oder Mariä Lichtmess. Damit es zu dem Ereignis wurde, dem wir heute Jahr für Jahr mit größtem Prunk huldigen, mussten über viele Jahrhunderte hinweg etliche Traditionen dazukommen. Wobei an dieser Stelle gesagt werden muss: Die meisten Weihnachtsrituale sind vergleichsweise neu. Das Weihnachtsfest in der Form, wie wir es heute zelebrieren und wie wir es für ein ewiges, unantastbares Ideal halten, gibt es noch keine 200 Jahre – auch wenn seine Wurzeln wesentlich weiter zurückreichen.

In jedem Fall sind die Traditionen, die sich in der Gesellschaft und in jeder einzelnen Familie entwickelt haben, vielen Menschen wichtig. Sie begehen das Fest alljährlich mit größtem Aufwand, um von Adventsbeginn bis mindestens zum zweiten Feiertag weihnachtlich gestimmt zu sein. Das gelingt oft nur so halb, natürlich ist gestresst, wer zum Fest Großputz, Großeinkauf, Gottesdienst, Geschenke, Galamenü und die großartige *Helene Fischer Show* unter einen Hut bekommen will. Doch die meisten nehmen das in Kauf, weil die Menschen alles, was zum Weihnachtsfest gehört, mehr beeindruckt als gefärbte Eier, geschmückte Ostersträuche und ein Hase als Geschenkebringer. Und was ist ein Ritual wie die Ostereiersuche im Vergleich zur Adventszeit mit ihrer sinnlichen Atmosphäre? Auch in Sachen Osterlieder sieht es dünn aus – oder kennt jemand mehr davon als *Stups, der kleine Osterhase* von Rolf Zuckowski? Und was ist das überhaupt, verglichen mit *Stille Nacht* in der magischen Heiligen Nacht?

Auch wenn Kritiker beklagen, dass Weihnachten in der heutigen Gesellschaft zum reinen Konsum- und Familienfest ganz ohne Jesus verkommt, beschäftigen sich viele Menschen in der sentimentalen Zeit kurz vor dem Jahreswechsel mit Wertigem. Sie versuchen, Gutes zu tun, vielleicht indem sie etwas Geld an Bedürftige spenden oder sich bei der ungeliebten, aber einsamen Tante Frida melden – und sie besinnen sich auf ihre Liebsten, sie werden ruhig, ziehen sich zurück, gönnen sich und anderen Ruhe. Dabei fühlen sich viele von ihnen eigenartig verbunden mit einem Ereignis, das vor über 2.000 Jahren passiert ist.

WAS HEISST »WEIHNACHTEN«?

Das Wort zum Fest

Weihnachten ist ein Wort, das im Plural steht, im Singular heißt es »Weihnacht«. Bereits seit dem 12. Jahrhundert ist es im deutschen Sprachraum geläufig, im Mittelhochdeutschen feierten die Menschen entweder im Singular die *wîhenaht* oder im Plural *wîhennahten*. Aber woher kommt der Begriff? Nun ja, die Silbe »Weih-« kennen wir auch von anderen Wörtern, etwa von Weihrauch oder Weihwasser. Sie lässt sich auf das 8. Jahrhundert zurückverfolgen, als mittel- und althochdeutsches *wîhen*. Das germanische Wort *weiha* wies auf heilige Dinge und Menschen hin. Wenn wir heute das Verb »weihen« verwenden, dann heiligen wir etwas. Zu »Weih-« kommt noch die »Nacht« dazu, die mittel- und althochdeutsche *naht*, die oft auch den Abend einschloss. Weih-Nacht ist also ein Synonym für den Heiligen Abend beziehungsweise die Heilige Nacht. Die Pluralendung -en entstand, weil sich das Wort aus dem mittelhochdeutschen *ze den wîhen nahten*, also »in den heiligen Nächten« herausbildete.

2 ALLES ZU SEINER ZEIT

KEIN LEBKUCHEN VOR DEM ERSTEN ADVENT

Gurian ist zutiefst dankbar, dass ihm seine Familie aus der Vergangenheit glaubt. Er will ihr so wenig wie möglich zur Last fallen – also versucht er, sich nützlich zu machen. Wenn er Aufgaben übernimmt, wird es auch leichter für ihn sein, den Alltag und die Gepflogenheiten der Menschen so gut wie möglich kennenzulernen. Auf einem Stück Papier hat Annette in ihrer altertümlichen Schrift alles aufgeschrieben, was in Kühlschrank und Speisekammer fehlt – gerne will er das besorgen. Seine Verwandte hat ihm grob erklärt, wie das Einkaufen in ihrer Welt funktioniert. Was für eine mühselige Art und Weise, zu seinen Lebensmitteln zu kommen – in der Zukunft spricht Gurian die Dinge, die er braucht, in den Stimmrekorder, den er von überall aus anquatschen kann. Selbst wenn er gerade spazieren ist, kann er mit seinem persönlichen Lieferdienst kommunizieren. Innerhalb einer Stunde kommen die gewünschten Dinge schließlich per Drohnentransport zu ihm nach Hause – oder in den Park, ins Schwimmbad oder ins Flugmobil; dorthin jedenfalls, wo er seine Einkäufe benötigt.

Als Gurian den sogenannten Supermarkt betritt, muss er sich erst orientieren. Er sieht, wie die anderen Menschen einen großen Metallkorb auf Rädern durch das Geschäft schieben und die Produkte hineinlegen. Das macht er ihnen nach. Alles, was gekauft werden kann, liegt hier zur Ansicht bereit. Bananen, Kiwis, Granatäpfel. Er hofft, Annettes Wünsche richtig entziffert zu haben, und legt die Waren in das komische Korbgefährt.

»Mozzarella«, liest er etwa. Wo soll der denn sein? Wie finden sich die Menschen nur in diesem Geschäft zurecht? Müssen sie hier wirklich alles selbst einsammeln? Gurian braucht lange, bis er alles beisammen hat. Einmal muss er fragen, wo die Hefe ist. Seinen Ausflug aber findet er spannend. Was es alles gibt – und mehr noch: Was es alles nicht gibt! Er findet etwa nur eine kleine Auswahl an Limonaden vor. Seine Lieblingssorte, Limonade mit Ananas-Papaguri-Geschmack, ist leider nicht dabei. Aber klar, in so ein Geschäft passt nicht alles rein, was das Herz begehrt.

Und dann entdeckt er an einem Tisch allerlei Naschwerk, das er so nicht kennt: Zwergenhafte Figuren in roten Mänteln und mit einer zipfeligen Kapuze auf dem Kopf. Vermutlich sind sie aus Schokolade, jedenfalls sind sie in buntes Silberpapier gewickelt. Gurian nimmt die Süßigkeiten für die Kinder mit, da freuen sie sich hoffentlich. »Lebkuchen«, »Dominosteine« und »Vanillekipferl« liest er auf Kekspackungen, auch das kommt mit, für Annette und Jürgen. Wie gerne hätte er der Familie farbewechselnde Schokolade oder sprechende Bonbons geschenkt, aber er konnte all das nicht aus der Zukunft mitnehmen. Dann muss er ihnen halt Mitbringsel aus ihrer eigenen Welt geben.

Wieder daheim packt er stolz seine Einkäufe aus. Freudestrahlend geht er zu Annette und den Kindern in die Küche, um ihnen Lebkuchen, die Kapuzenmännchenschokolade, die sogenannten Vanillekipferl und diese Dominosteine zu überreichen. Er strahlt sie an. »Schaut mal, für euch, für heute Nachmittag, zum Naschen«, sagt er. »Und vielleicht gebt ihr mir auch was ab. Ich bin gespannt, wie das alles schmeckt.«

»Oh, toll«, sagt Sophie strahlend, doch ihre Mama stürzt sofort auf ihn zu.

»Gurian, pack das sofort weg! Das ist jetzt noch nichts«, sagt Annette. »Du willst uns doch nicht die Vorfreude auf den Advent vermiesen?«

»Äh, nein, natürlich nicht. Ich will euch doch nur ein Geschenk machen.« Gurian versteht die Welt nicht mehr. Warum freut Annette sich nicht?

»Pack das alles weg, sofort, das geht echt gar nicht«, zischt sie. »Hättest du nicht einfach Gummibärchen mitbringen können?«

Wieso kann man diese Süßigkeiten jetzt nicht essen? In der Zukunft gibt es bei Lebensmitteln ein Mindesthaltbarkeitsdatum, von einem Zeitpunkt, vor dem etwas nicht gegessen werden darf, hat Gurian noch nie gehört. Verlegen und auch ein bisschen beleidigt nimmt er die Leckereien mit in sein Zimmer und räumt sie unters Bett. Er wollte der Familie doch nur eine Freude machen, warum mögen sie das nicht? Warum gehen diese Lebkuchen und die Schokolade jetzt gar nicht, warum wären Gummibärchen die bessere Wahl gewesen? Und warum werden die Sachen verkauft, wenn sie die Vorfreude auf diesen Advent, wer auch immer das ist, vermiesen können?

O du Peinliche

Kein Dominostein im Oktober, kein Lebkuchen vor dem ersten Advent – Menschen, die Weihnachtstraditionen aufrecht halten, richten sich nach diesem ungeschriebenen Gesetz. Das liegt nicht daran, dass ihnen Lebkuchen, Plätzchen und Dominosteine nicht schmecken würden – im Gegenteil: Ihnen ist das Gebäck besonders wertvoll. Die Naschereien, die oft mit besonderen Gewürzen gespickt sind, erst in der zauberhaften Vorweihnachtszeit zu genießen – das macht diese noch schöner. Die Magie des Advents wäre für traditionsliebende Menschen nicht dieselbe, wenn sie bereits im September und Oktober ständig Weihnachtsgebäck naschen würden. Plätzchen und Printen gehören für sie in die Zeit, in der die Familie an den Adventssonntagen in Vorfreude auf das nahende Weihnachtsfest zusammensitzt.

Die Hollerbachs, die diese Tradition leben, sind keineswegs allein damit: 80 Prozent der Deutschen finden, dass Lebkuchen und Konsorten zu früh im Einzelhandel erhältlich sind. Nur neun Prozent können sich mit dem Verkaufsstart um den meteorologischen Herbstanfang, den 1. September, anfreunden. Das ergab eine Umfrage des Meinungsforschungsinstituts YouGov. Doch die Deutschen greifen offenbar trotz ihrer Skepsis beim frühen Lebkuchen zu, denn ein Drittel der Weihnachtsgebäckeinnahmen erzielt der Handel üblicherweise bereits im September, wie Hermann Bühlbecker, Geschäftsführer der Aachener Printen- und Schokoladenfabrik Henry Lambertz, der Zeitung *Welt* verriet. »Üblicherweise« sagte er, weil es auch vom Wetter abhängt: Mit der Niederschlagsmenge steigt die Lust auf Lebkuchen, bei Sonne bleibt es länger beim Eis-Hunger.

Dennoch, die Feinde des frühen Lebkuchengenusses wollen nicht in Versuchung geführt werden: Durch die Medien geisterte bereits die Forderung, ein Gesetz einzuführen, das den Verkauf erst später im Jahr ermöglicht. Lambertz-Chef Bühlbecker empörte das. Gegenüber der *Welt* sagte er: »Wo kommen wir denn hin, wenn dem Verbraucher künftig per Gesetz vorgeschrieben wird, wann er welche Produkte kaufen kann? Dann müsste man auch Eis oder Erdbeeren im Winter verbieten. Wir sind hier nicht in der DDR.«

Für Traditionalisten hat es indes einen besonderen Reiz in einer Zeit, in der das ganze Jahr über alles zu haben ist – Spargel im Winter, zur Nach-speise Erdbeeren mit Vanilleeis –, eine Nische für das Außergewöhnliche zu bewahren. Denn: Wor-auf sollen sich die Menschen überhaupt noch freu-en, wenn der Lebkuchen schon ab 1. September auf dem Tisch steht, Weihnachtsdeko die Fenster im Oktober ziert und der Christbaum ab November in den Wohnzimmern nadelt? Wenn alles gleich ver-fügbar ist und dadurch beliebig wird? Außerdem: Die Gefahr ist groß, dass Menschen, die früh zu naschen beginnen, im Advent keine Lust mehr auf Plätzchen und Kipferl haben.

DIE GESCHICHTE DES LEBKUCHENS

Lebkuchen im Sommer zu essen – ist das tatsäch-lich ein respektloses Vergehen? Nun ja: Wenn man in die Zeit vor dem Dreißigjährigen Krieg zurück-geht, lernt man Lebkuchen und Spekulatius als Ganzjahresgebäck kennen, das vornehmlich in Klöstern zubereitet wurde. Das lag daran, dass sich Mönche eher als Privathaushalte die teuren Zutaten leisten konnten. Zwischen 1618 und 1648 wurden diese allerdings zur Mangelware. Das geliebte Gebäck hielt man daher für die kal-te Jahreszeit vor, in der es keine frischen Früchte mehr gab – und für besondere Anlässe. Um die

Not der Hungernden etwas zu lindern, gaben ihnen die Mönche in schlimmen Zeiten von den süßen und energiespendenden Lebkuchen ab. Aus den Klöstern stammt übrigens auch die Lebkuchenvariante, bei der der Teig auf Oblaten platziert und gebacken wird. Darauf hält er besonders gut, und der Lebkuchen trocknet mit einer Oblate als Unterlage weniger schnell aus.

Grundsätzlich aber beginnt die Geschichte des Lebkuchens deutlich vor dem 17. Jahrhundert und auch vor dem Mittelalter: Seine Vorläufer wurden bereits in der Antike genossen, was Hinweise aus dem Jahr 350 vor Christus belegen: Damals erfreuten sich die Ägypter bereits an Honigkuchen und legten sie ihren Verstorbenen mit ins Grab. Die Römer kosteten zu ihrer Zeit ein mit Honig bestrichenes *panis mellitus*.

In seiner heutigen Form entstand der Lebkuchen um das 12. Jahrhundert herum im belgischen Dinant, von wo aus er seinen Weg nach Aachen fand. In Ulm wurde er als »Pfefferkuchen« erwähnt – 1296. Keine Sorge aber: Aus Pfeffer bestand er deshalb nicht zwingend, denn zu jener Zeit wurden alle fremdländischen Gewürze mit dem Begriff Pfeffer bezeichnet. Der Begriff Lebkuchen hängt indes vermutlich mit dem mittellateinischen Begriff *libum* – für Fladen – zusammen; möglich ist allerdings auch eine Verwandtschaft zum Begriff Laib, wie in »Brotlaib«.

Jedenfalls: Immer beliebter wurden Lebkuchen – und zwar vorwiegend an den Knotenpunkten großer Handelsstraßen wie Nürnberg, Augsburg, Ulm oder Köln, da es dort vergleichsweise einfach war, exotische Gewürze für ihre Zubereitung zu bekommen. Vom 19. Jahrhundert an wurden sie schließlich auch auf den immer häufiger werdenden Weihnachtsmärkten verkauft.

Über die Jahre, Jahrzehnte und Jahrhunderte hinweg hat sich in der Folge eine immense Vielfalt an Lebkuchen entwickelt, von Aachener Printen hin zu Elisenlebkuchen. Obendrein haben Familien ihre eigenen Rezepte kreiert. Gemeinsam haben die meisten Sorten, dass sie überwiegend aus Weizenmehl bestehen sowie aus Honig als Süßungsmittel. Ein Merkmal ist außerdem, dass Lebkuchen kräftige exotische Gewürze etwa von Anis über Nelken bis Zimt enthalten; gern sind sie außerdem mit Nüssen verfeinert. Wasser, Milch und Fett sind eher nicht drin. Trocken und zuckerreich, wie Lebkuchen sind, sind sie lange haltbar.

Übrigens: In Osteuropa werden die dortigen Lebkuchen-Varianten das ganze Jahr hindurch im Laden angeboten. Und auch in Deutschland gehören Lebkuchenherzen in jeder Jahreszeit zu Volksfesten dazu – ganz ohne Proteste durch die Fraktion der Weihnachtstraditionalisten.

Die Evangelische Kirche hat eine Initiative ins Leben gerufen: »Alles hat seine Zeit – Advent ist im Dezember«, mit der sie dazu einlädt, die Gedenk- und Feiertage in November und Dezember neu zu entdecken. Es tue gut, mit Rhythmen zu leben, die das Jahr gliedern: Dann hätten die Menschen Zeit, aufzuatmen, innezuhalten und zu entspannen. Diese Gliederung sei wiederum seit Jahrhunderten für viele von der christlichen Tradition geprägt.

Zugestehen muss man Lambertz, Rewe und Real, dass sie freilich nicht für die Werteerziehung und Traditionsbewahrung in unserer Gesellschaft zuständig sind, es handelt sich bei ihnen ja nicht um kirchliche Kindergärten. Natürlich haben sie das Recht, schlichtweg ans Geschäft zu denken. Der Edeka um die Ecke darf die umstrittenen September-Frucht Lebkuchen genauso anbieten wie überteuerte Kinderzeitschriften mit verkaufsförderndem Plastikspielzeug oder cholesterinerhöhenden Eierlikör für die frustrierte Hausfrau. Die Gebäckhersteller bauen denen, die durch die verfrühte Nascherei ein schlechtes Gewissen haben könnten, dennoch eine Brücke: Sie zeichnen Lebkuchen und Spekulatius, die sie vor der Zeit verkaufen, oft als Herbstgebäck aus, damit sie ja nicht mit Weihnachtsartikeln verwechselt werden. Genauso verkaufen sie das ganze Jahr über Ostereier als »Partyeier«.

Doch auch wenn sie in vielen Fällen als Herbstware deklariert sind, taugen weder Lebkuchen noch Adventskalender deutlich vor dem Advent als Geschenk an traditionsbewusste Familien. Wer tatsächlich schon im September mit dem Naschen beginnt und erst nach Weihnachten wieder damit aufhört, wird es ohnehin spätestens zur Bikini- und Badehosensaison bereuen, wann auch immer diese beginnt.

WEIHNACHTSZEIT – FASTENZEIT?

Früher war übrigens klar, wann mit der Schlemmerei zur Weihnachtszeit begonnen werden durfte: erst an Weihnachten selbst. Grund hierfür war, dass bis 1917 die Wochen vor dem Fest kirchlich verordnet streng gefastet wurde. Die Fastenzeit hatte nach dem Martinstag, dem 11. November, begonnen. Sie dauerte genau wie die Fastenzeit vor Ostern 40 Tage lang und sollte der Buße und Einkehr dienen. Am Abend vor Beginn dieser entbehrungsreichen Wochen wurde am Martinstag noch einmal ordentlich zugeschlagen – eine Gans kam auf den Tisch.

Es ist vermutlich eine häufig verbreitete (Zeitungs-)Ente, der Brauch sei aus der Legende heraus entstanden, der zufolge Gänse durch lautes Schnattern das Versteck des heiligen Martin verraten hätten. Dafür, dass er dadurch gefunden und wider Willen zum Bischof geweiht wurde, müssen die Gänse laut dieser Geschichte als köstliche Festtagsbraten büßen. Doch: Die Martinsgans geht wohl eher auf den katholischen Brauch zurück, ein tierisches Festmahl vor der Fastenzeit zuzubereiten.

Der Zeitpunkt, am 11. November eine Gans zu schlachten, war passend: Das bäuerliche Wirtschaftsjahr ging mit Martini zu Ende, die Ernte war eingeholt, Dienstverhältnisse wurden aufgelöst. Für viele war das ein Grund zu feiern.

Heiligabend endete die Fastenzeit. Um das zu würdigen, kam wieder eine Gans auf den Tisch. Seit das katholische Kirchenrecht das Adventsfasten nicht mehr einfordert, gibt es zwar im Advent keine Entbehrungen mehr – die Gans wird dennoch weiter verspachtelt. Einige osteuropäische Länder befolgen die Fastenregel übrigens nach wie vor: In Polen, Slowenien und Bulgarien halten sich die Leute im Advent beim Essen vornehm zurück.

Daran, dass die Zeit vor Weihnachten eigentlich der Buße und der Einkehr dienen soll, erinnern in Deutschland noch die Messgewänder der katholischen Priester im Advent: Deren Farbe ist violett, wie in der Fastenzeit vor Ostern – und das, obwohl die Zeit vor Weihnachten heute von prächtig geschmückten Einkaufsstraßen, Weihnachtsmärkten und opulenten Feiern geprägt ist.

3 FEUERALARM AUF DEM ADVENTS-KRANZ

EINE KERZE FÜR JEDEN ADVENTSSONNTAG

Es ist Freitagnachmittag. Gurian öffnet die Tür, als Annettes Freundinnen Katharina und Denise klingeln. Eine Tüte voller Zweige haben sie dabei, Basteldraht, dicke Kerzen. Gemeinsam mit Annette belagern sie den Küchentisch, binden die Zweige an Kränze aus Stroh und hören Lieder, die von Weihnachten handeln.

»Gurian, jetzt wird es langsam adventlich hier«, sagt Annette und flucht, als sie sich mit dem Basteldraht in den Finger pikst. »Wenn erst die Kerzen auf dem Adventskranz leuchten, dann haben wird es richtig gemütlich. Wirst sehen!«

Jede der Damen hat eine Tasse heißen Wein vor sich stehen, den sie »Punsch« nennen. In der Mitte des Tisches steht ein Teller mit Lebkuchen und Keksen, die vor ein paar Tagen noch als tabu galten.

»Ist schon Advent?«, fragt Gurian mit Blick auf das Gebäck.

»Nein, nein«, sagt Denise. »Sonst wären wir ja zu spät dran mit unserer Bastelei. Aber Punsch und Vanillekipferl gehören zum Adventskranzbinden einfach dazu. Nimm dir gern eins.« Sie deutet auf einen sichelförmigen Keks.

Gurian greift zu. »Lecker«, sagt er und versteht immer noch nicht, warum die Nascherei auf einmal erlaubt ist.

Als die Damen die Strohkränze komplett mit grünen Zweigen bedeckt haben, befestigen sie noch Kerzen darauf und dekorieren das Ensemble mit Zapfen, Zimtstangen, Schleifen und Nüssen.

»Die hab ich auf dem Markt gekauft. Toll, oder?« Annette hat drei lilafarbene Kerzen sowie eine rosafarbene auf ihren Kranz gesteckt.

»Gab es keine vier Stück von den lilafarbenen?«, fragt ihre Freundin Denise.

»Klar doch – aber streng genommen sind meine Farben ja wohl die richtigen, nicht wahr?«

»Lila und Rosarot sollen die richtigen Farben sein? Das wäre mir neu. Bei uns gibt es immer schon die Roten, und das war auch bei meinen Eltern und Großeltern so«, sagt Denise.

»Jeder, wie er mag«, sagt Annette.

Während sich die Freundinnen weiter über Kerzenfarben unterhalten, überlegt Gurian, wie sie die Kränze später an den Türen befestigen wollen und ob die Kerzen dann nicht ohnehin auf den Boden fallen. Aber, denkt er sich, die Damen wissen bestimmt, was sie tun.

Als sich Denise und Katharina verabschieden, erklärt Annette, dass sie noch schnell fürs Abendessen einkaufen muss.

»Gurian, wenn du mir einen Gefallen tun willst«, sagt sie, »dann kehre doch bitte die Nadeln und Bastelreste weg und stelle den Adventskranz schön auf, damit er schon mal gut zur Geltung kommt, wenn wir später alle zusammen essen.«

»Äh, wo soll er genau hin?«, fragt Gurian und sieht sich schon den Kranz an die Tür nageln.

»In die Mitte des Esstischs. Wenn er dann in den Wochen vor Weihnachten für Stimmung und Atmosphäre sorgt, ist es wunderbar festlich hier – du wirst es sehen!«

Jetzt ist Gurian klar, dass der Kranz nicht an die Tür gehängt wird. Puh, er hätte sich nicht vorstellen können, wie die Kerzen halten sollen.

Er gibt sich viel Mühe, aufzuräumen und den Tisch zu decken. Er holt lilafarbene Servietten, die zum Kranz passen, und zündet, als er hört, dass die Familie nach Hause kommt, die schönen Kerzen an, damit sich alle darüber freuen und feierlich gestimmt werden.

Als Annette zur Tür hereinkommt und den erleuchteten Kranz sieht, den sie zuvor mit großer Mühe gebunden hat, fallen ihr vor Schreck beinahe die gerade gekauften Pizzen aus den Händen.

»Das ist nicht wahr, oder, Gurian?«, fragt sie.

O du Peinliche

Es ist immer noch nicht Advent. Und selbst wenn es schon so weit wäre, so lautet eine Regel: »… und wenn die fünfte Kerze brennt, dann hast du Weihnachten verpennt.« Das war jetzt die falsche. Eine weitere, hier passende, lautet: Es gilt, keine Kerze vor dem ersten Advent anzuzünden, denn am ersten Advent wird die erste Kerze entfacht, am zweiten zusätzlich die zweite. Alle vier

Kerzen brennen erst ab dem vierten Advents-sonntag.

Das sind vergleichsweise wenige. Im Sinne des Erfinders wäre es, einen Adventskranz mit viel mehr Kerzen zu bestücken – jeder Tag im Advent sollte durch eine eigene symbolisiert werden. Der evangelische Theologe Johann Hinrich Wichern, Leiter des Rauhen Hauses, eines Heims für Stra-ßenkinder in Hamburg, hatte im Jahr 1839 24 Ker-zen auf einem großen Wagenrad mit einem Durch-messer von zwei Metern befestigt: 20 kleine rote für die Wochentage und vier große weiße, die die Adventssonntage symbolisieren. Wichern wollte seinen Schützlingen auf diese Weise verdeutlichen, wie lange sie noch bis Weihnachten warten muss-ten. An jedem Tag zündete er eine weitere Kerze an. Jahre später soll er den Kranz zusätzlich mit grünen Tannenzweigen dekoriert haben: ein Sym-bol dafür, dass das Leben auch im dunklen Winter weitergeht.

Gemeindehäuser und Schulen in protestanti-schen Städten Norddeutschlands taten es Wichern gleich und hängten ebenfalls Lichterkränze auf. Mit den Jahren wollten immer mehr Menschen einen Kranz auch in den eigenen vier Wänden ha-ben. Weil jedoch kaum jemand Platz für ein Wa-genrad mit 24 Kerzen in der eigenen Stube hatte, schrumpfte die Größe des Kranzes – und mit ihm die Anzahl der Kerzen, bis es nur noch vier waren, die die Adventssonntage darstellen. Die Katholiken waren vergleichsweise spät dran, den Brauch nachzuahmen: Erstmals soll 1925 ein Kranz in einer katholischen Kirche in Köln aufgehängt worden sein, 1930 in München. Erst nach dem Zweiten Weltkrieg wurden Kränze in allen Haushalten üblich.

Obwohl viele Menschen glauben, dass die Kerzenfarbe traditionell rot ist, und obwohl inzwischen sowieso jeder seinen Kranz nach Belieben dekoriert, gibt es liturgisch relevante Farben, die einem konservativ gestalteten Adventskranz gut zu Gesicht stünden. Katholische Pfarrer etwa tragen zu bestimmten Zeiten im Kirchenjahr Priesterkleidung in vorgegebenen Farben, die feste Bedeutungen haben. Wer, wie es früher üblich war, auch bei der Adventsdekoration mit den Farben der Liturgie geht, entzündet auf dem Adventskranz drei violette und eine rosafarbene Kerze. Violett ist die Farbe der Buße. Priester tragen sie im Advent, an dem früher, wie berichtet, gefastet wurde (siehe Seite 33); analog dazu sind drei Kerzen am traditionellen Kranz ebenfalls violett. Die rosafarbene Kerze kommt am dritten Advent ins Spiel: dann, wenn das liturgische Priestergewand rosa sein kann, um die Vorfreude auf das Fest zu demonstrieren. Der sogenannte *Gaudete*-Sonntag (lat. »Freut euch!«-Sonntag) unterbricht den Ernst des Advents als Fastenzeit.

Auch im protestantischen Norwegen werden die Kerzen in der Regel nach der liturgischen Farbe gewählt – hier sind es vier violette. In Schweden hingegen wird zuerst eine weiße Kerze entzündet, der violette folgen. Im katholischen Teil Irlands, wo Adventskränze in der Regel nur in Kirchen zu bewundern sind, kommen zu den drei violetten Kerzen eine rosafarbene sowie eine weiße dazu. Diese weiße, fünfte Kerze steht in der Mitte des Adventskranzes und darf erst Heiligabend leuchten.

DER TEUERSTE ADVENTSKRANZ DEUTSCHLANDS

Der ehemalige Limburger Bischof Franz-Peter Tebartz-van Elst wollte schön wohnen – ein bisschen zu schön, wie die meisten finden dürften: Satte 31 Millionen Euro kostete der Bau seines Amtssitzes, geplant waren hierfür ursprünglich 5,5 Millionen Euro. Sonderwünsche ließen die Ausgaben des Geistlichen in die Höhe schnellen. Ein diesbezüglicher Aufreger war der Adventskranz für die Kapelle: Weil Tebartz-van Elst statt eines auf einem geschmiedeten Ständer stehen-

den einen hängenden Adventskranz haben wollte, musste das soeben fertiggestellte Dach nochmals aufgesägt werden. Nur so konnte ein Seilzug
angebracht werden. Statt 10.000 Euro wurden
damit 100.000 Euro fällig. Des Bischofs Eskapaden
blieben nicht folgenlos: Im Oktober 2013 suspen-
dierte Papst Franziskus Tebartz-van Elst vom Amt.

Auch die Reihenfolge, in der die Kerzen brennen
sollen, ist festgelegt: Es sollen am Adventskranz
immer nebeneinanderliegende Kerzen entzündet
werden, gegen den Uhrzeigersinn. Wer am zweiten
Advent Kerzen entfacht, die einander gegenüber-
liegen, spielt mit dem Feuer.

Diese Traditionen geraten jedoch in Vergessen-
heit. Es gibt kaum mehr Kränze in Violett und Rosa,
und auch die Farbe Rot ist rückläufig. Adventskränze entwickelten sich in den vergangenen Jahren
vielmehr zu fantasievoll geschmückten Gestecken,
bei denen die Kerzen auch mal in den Farben des
Regenbogens oder passend zum Wohnzimmertep-
pich gestaltet sind. Zusätzlich zu den Kerzen gibt
es immer experimentellere Deko auf den Kränzen:
kleine Weihnachtskugeln, Kunstschnee, Figuren,
Erdnüsse, Perlen und Beeren zieren die Adventskränze, die in der Tradition von Wicherns Wagenrad stehen. Ob sie per Hand gebunden werden, wie

bei Hollerbachs, oder ob sie für mehr oder weniger Geld im Supermarkt oder beim Floristen gekauft werden – das entscheidet jeder selbst.

4 MIT VOLLEN TASCHEN RICHTUNG TANNE

EIN SACK VOLLER WEIHNACHTSGELD?

Als Jürgen abends nach Hause kommt und das Wohnzimmer betritt, ist ihm die schlechte Laune ins Gesicht geschrieben. Annette erschrickt.

»Was ist los?«, fragt sie.

Jürgen antwortet mit einer Gegenfrage. »Hast du schon mal aufs Konto geschaut?«

»Klar«, sagt Annette. »Dein Gehalt ist da. Prima, oder?«

»Ich bin davon ausgegangen, dass ich auch in der neuen Firma Weihnachtsgeld kriege«, sagt Jürgen. »Das bisschen Geld extra – das hätten wir jetzt gut brauchen können ...«

»Aber wieso bist du davon ausgegangen?«, fragt Annette. »Steht doch nichts im Vertrag davon. Dafür verdienst du doch jetzt jeden Monat mehr als zuvor ...«

»Bin ich einfach«, sagt Jürgen. »Die Firma steht bestens da, Weihnachtsgeld ist in der Branche absolut üblich. Als ich heute die Abrechnung gekriegt habe, bin ich gleich zum Chef gestiefelt. Ob er da nicht was vergessen hätte bei der Abrechnung, hab ich ihn gefragt.«

»Ehrlich, ich hab das überhaupt nicht erwartet«, sagt Annette.

»Annette, es war so peinlich. ›Nein, das ist kein Fehler, Herr Hollerbach. Tut mir leid, diese Tradition verfolgen wir nicht in der Firma‹, hat er nur gesagt. Als ich es Norbert von der IT erzählt habe, weil ich wissen wollte, ob er Weihnachtsgeld bekommen hat, hat er nur gelacht. ›Ne, ne, Spendierhosen hat der Chef nicht an. Er ist ja nicht der Weihnachtsmann.‹« Norbert aber sei nicht im Unreinen damit: Sie werden auch jeden Monat übertariflich bezahlt, habe er gesagt. Das gleiche sich schon aus.

Gurian schaltet sich ein. »Falls es dich tröstet: In der Zukunft kriegt kein einziger Mensch Weihnachtsgeld«, sagt er. »Da ist immer besser dran, wer ein höheres Monatsgehalt hat.«

Jürgen ärgert sich dennoch. Er hat sich blamiert und nach etwas gefragt, was ihm qua Vertrag nicht zusteht. Er hätte spätestens im Vorstellungsgespräch danach fragen und nicht naiv hoffen sollen, dass ihn der Chef in Form des Weihnachtsmanns aufsucht und einen Sack voller Geld auf seinem Schreibtisch entleert. Er war blind davon ausgegangen, dass er es schon kriegt, wie zuvor in der alten Firma, wie allgemein in der Branche. Wie unprofessionell von ihm. Und enttäuscht ist er auch. Dieser Bonus hatte ihm jedes Jahr Freude bereitet. In der vorherigen Firma hatte er die Überweisung immer zum Anlass genommen, sich zeitnah mit Annette zusammenzusetzen und den Urlaub fürs nächste Jahr zu buchen. Na, das werden sie dennoch machen.

O du Peinliche

Umfragen der vergangenen Jahre zufolge kriegt gut die Hälfte der Angestellten in Deutschland Weihnachtsgeld. Ob im konkreten Fall die Reinigungskraft, der Bankangestellte, der Marketingleiter oder

Jürgen einen Anspruch darauf haben – das hängt von vertraglichen oder tariflichen Regelungen oder der Spendierlaune der jeweiligen Chefs ab.

Grundsätzlich dürfen sich all jene Angestellten auf die betriebliche Bescherung freuen, für die ein Tarifvertrag, eine Betriebsvereinbarung oder ein Arbeitsvertrag mit der Klausel gilt, dass es Weihnachtsgeld gibt. Wie hoch dieses ausfällt, dürfte dort ebenfalls festgelegt sein. Meist handelt es sich beim weihnachtlichen Geschenkesegen um einen festen Prozentsatz des Monatseinkommens. Beschäftigte im Bankgewerbe, in der Chemie-, Druck-, Süßwaren- und Textilindustrie bekommen Statistiken zufolge in der Regel mit dem Novembergehalt oft 100 Prozent des Monatslohns überwiesen. Es gibt auch Branchen, in denen nur 10 Prozent des Bruttomonatsverdiensts ausgezahlt werden – das kann etwa im Kfz-Gewerbe der Fall sein. Besser als nichts ist das auch.

Wer die Sonderzahlung nicht qua Vertrag zugesichert bekommt, muss Glück mit seinem Chef haben. Manchmal entpuppt sich dieser unvorhergesehen als Weihnachtsengel und bedenkt seine Mitarbeiter mit einer hübschen Überweisung. Tut er dies alle Jahre wieder, entwickelt sich aus seiner zunächst freiwilligen Gabe ein Rechtsanspruch des Arbeitnehmers. Diese Regelung heißt »betriebliche

Übung«. Sie tritt in Kraft, wenn der Arbeitgeber drei Jahre in Folge Weihnachtsgeld spendiert hat, ohne schriftlich darauf hinzuweisen, dass es sich jeweils um eine einmalige Zahlung handelt. Dies kann heikel für den Arbeitgeber sein, denn er darf dann im vierten Jahr nicht mit dem Geldüberweisen aufhören, auch nicht mit der Begründung, die Firma stehe wirtschaftlich schlechter da als in den Vorjahren.

Übrigens: Der Chef darf nicht nur eine Gruppe von Mitarbeitern mit Weihnachtsgeld bedenken. Es gilt der Gleichbehandlungsgrundsatz, keiner darf leer ausgehen, sofern auch nur ein Kollege die Finanzspritze bekommt. Allerdings hat dieser Grundsatz Grenzen, denn die Höhe des Weihnachtsgeldes kann der Arbeitgeber an bestimmten Kriterien festmachen und die Mitarbeiter unterschiedlich bescheren. So kann er etwa durch eine höhere Zahlung besonders lange Betriebszugehörigkeit oder das Erreichen von Zielen belohnen. Vielleicht greift er auch dem vierfachen Familienvater großzügiger unter die Arme. Oft dürften die Kriterien für finanzielle Extras im Arbeitsvertrag festgelegt sein. Statt Weihnachtsgeld gibt es in vielen Firmen auch Prämien, deren Höhe sich am Geschäftsergebnis oder am Erreichen individuell festgelegter Ziele orientiert. Manche Unternehmen raten ihren Mitarbeitern auch, sich aus steuerlichen Gründen die Jahresprämie über zwölf Monate verteilt mit dem Gehalt auszahlen zu lassen.

Fehlt einem Mitarbeiter allerdings die tarifliche oder vertragliche Vereinbarung, fehlt die betriebliche Übung oder die Ungleichbehandlung, dann fehlt es ihm auch an Argumenten für den Bezug von Weihnachtsgeld.

5 PÜNKTLICH GRÜSSEN

KARTENSCHREIBEN BEI KERZENSCHEIN

Am späten Samstagnachmittag des ersten Adventswochenendes sitzt die Familie beisammen. Es gibt Dominosteine und einen für Gurians Geschmack etwas zu trockenen Kuchen, den die Hollerbachs »Dresdner Stollen« nennen. Feierlich zündet Annette die erste Kerze des Adventskranzes an. Sie hat die Kerzen nochmals komplett ausgetauscht. Es würde ihr Bild stören, hat sie gesagt, wenn die Dochte, die noch nicht an der Reihe sind, bereits gebraucht aussehen. Gurian und auch Jürgen können das nicht verstehen, aber gut: Annette hat den Kranz selbst gemacht, sie entscheidet, was darauf brennen darf und was nicht. Dass Annette, die so sehr darauf gepocht hat, bloß keinen adventlichen Frühstart hinzulegen, nun bereits am späten Samstagnachmittag die erste der wieder jungfräulichen Kerzen anzündet – das wundert Gurian, der über die Heiligkeit der »Adventssonntage« aufgeklärt wurde, sehr.

»Annette, es ist doch noch nicht Sonntag. Warum zündest du die Kerze schon an?«, fragt er.

»Weil es jetzt nach christlichem Verständnis bereits Sonntag ist«, sagt Annette. »Bereits der Vorabend gilt als Sonntag.«

Das ist für Gurian schwer nachzuvollziehen. Vom Nachmittag, an dem die Damen ihre Adventskränze gebunden haben, mal abgesehen, hat sich Annette bislang jeden Dominostein vom Mund abgespart. Es hieß immer: »Ich warte bis zum ersten Advent.« Und jetzt gibt sie am Samstag auf der Zielgeraden eine Regeländerung bekannt. Verrückt – und das, obwohl es im Advent, wie Gurian zwischen den folgenden zwei Bissen vom Stollen erfährt, generell ums Warten geht.

»Wusstet ihr, dass Advent vom lateinischen Wort *adventus* kommt, was so viel wie ›Ankunft‹ oder

›Eintreffen‹ heißt?«, fragt Jürgen, der das, wie er sagt, in der Zeitung von heute gelesen hat.

Annette sagt, dass sie das wusste: Die Menschen warten dann auf die Ankunft Jesu auf Erden. Darauf würden sie sich im Advent vorbereiten.

WANN DER ADVENT BEGINNT

Der erste Advent ist der Auftakt für das neue Kirchenjahr – und für die Weihnachtszeit. In diesem Sinne wird der Advent seit dem fünften Jahrhundert gefeiert: Damals wurde vermutlich in der Gegend um das italienische Ravenna herum damit begonnen, die Wochen vor Weihnachten nach bestimmten Regeln zu strukturieren. Experten gehen sogar davon aus, dass als Vorläufer des Advents bereits im 4. Jahrhundert in Spanien und Gallien eine weihnachtliche Vorbereitungszeit stattgefunden hat. In Rom gab es vermutlich im 6. Jahrhundert erstmals eine Adventsliturgie, also eine festgelegte Ordnung, nach der religiöse Zeremonien und Riten des Gottesdienstes im Advent ablaufen sollen.

Papst Gregor der Große hatte damals die Zahl der Adventssonntage auf vier begrenzt, zuvor dauerte die Vorweihnachtszeit je nach Gegend drei bis sechs Wochen. Seine Anweisung verbreitete sich, richtig populär wurde sie allerdings erst 400 Jahre später. Die vier Wochen sollen die 4.000 Jahre symbolisieren, die die Menschheit nach dem Sündenfall im Paradies auf Erlösung warten musste.

Um 1570 schrieb Papst Pius V. die römische Adventsliturgie endgültig für die gesamte Kirche fest – mit Ausnahme von Mailand, denn da wird der Advent nach dem Ambrosianischen Ritus gefeiert, der sechs Adventssonntage vorschreibt. Die Adventszeit beginnt dort bereits am Sonntag nach Sankt Martin, dem 11. November. Auch die »Ostkirchen« haben eine sechswöchige Adventszeit.

Wann der Advent Rom zufolge beginnt – das ist von Jahr zu Jahr unterschiedlich. Der Start hängt davon ab, auf welchen Wochentag der erste Weihnachtsfeiertag, also der 25. Dezember, fällt – denn bevor er stattfindet, muss es vier Adventssonntage geben. Der erste davon ist der erste Advent, er ist irgendwann zwischen 27. November und 3. Dezember. Weil der Adventsstart variiert, sein Ende aber durch das fixe Datum von Heiligabend feststeht, ist der Advent folglich unterschiedlich lang: Er dauert zwischen 22 und 28 Tage lang. Der vierte Adventssonntag kann frühestens am 18. Dezember sein – und spätestens kann er mit Heiligabend zusammenfallen. Das ist der Fall, wenn der 25. Dezember an einem Montag ist: Dann ist am Sonntag, dem 24. Dezember, zugleich der vierte Advent.

Weil nun nach christlichem Verständnis, das in der jüdischen Tradition wurzelt, der neue Tag nicht um Mitternacht beginnt, sondern mit dem Sonnenuntergang des Vorabends, beginnt die Adventszeit ebenfalls bereits am Vorabend des ersten Adventssonntags. Genauer: am Samstag, mit Einbruch der Dunkelheit. Das kann in den dunklen Weihnachtswochen bereits erstaunlich früh sein: In Deutschlands Städten startet der Advent in der Regel am Samstag zwischen 16 und 17 Uhr, je nach genauem Datum und je nach exakter Lage innerhalb der Republik. Die, die sich bis zum offiziellen Adventsstart weder Lebkuchen noch Dominosteine gegönnt haben, können also guten Gewissens bereits am späteren Samstagnachmittag mit der Nascherei beginnen.

»Worauf wir allerdings nicht mehr warten sollten«, sagt Annette, »ist, die Weihnachtskarten für meine Kunden zu entwerfen. Du wolltest mir doch helfen, Jürgen ...«

»Ich könnte euch tolle Vorlagen gestalten«, sagt Gurian. »Das kann ich wirklich gut. Ich denke, dass ich auch mit euren Rechnern arbeiten könnte. Dann entwerfe ich witzige, bewegte Grafiken – echte Hingucker. Ich könnte ein Bild gestalten, bei dem sich nach und nach eine weitere Kerze auf dem Adventskranz entzündet. Das wird euren Kunden gefallen, wenn sie das auf ihren Smartphones sehen. Statt der Flamme der vierten Kerze könnte auch ein tolles Sonderangebot aus deinem Laden aus der Kerze züngeln ...«

»Äh ... Wir verschicken unsere Weihnachtspost nicht mit dem Smartphone«, sagt Annette, »sondern auf Karten aus edlem Papier. Wir müssen schleunigst starten, damit wir sie in den Druck geben können. Immerhin sollen sie in ungefähr zwei Wochen bei meinen Kunden angekommen sein.«

»Drucken? Verschicken? Auf Papier? Hat das was mit dem Briefkasten zu tun?«, fragt Gurian. »Und ist das nicht total aufwendig? Würden sich die Kunden nicht mehr über lustige Videos freuen?«

»Gurian, digitale Grüße an meine Kunden – das geht gar nicht zu Weihnachten, das ist stillos«, sagt Annette. »Sie sollen merken, dass es persönliche Grüße sind. Und natürlich verschicken wir dabei keine Werbung – ein eleganter Gruß ist Werbung genug.«

»Das versteh ich jetzt nicht. Die digitale Nachricht würde ja von dir persönlich abgeschickt werden ... Und warum machst du innerhalb einer Kundenbeziehung keine Werbung? Die Kunden wollen doch erfahren, was du ihnen anbietest.«

»Keineswegs, Gurian. Weihnachten funktioniert anders als der Alltag«, sagt Annette. »Lass mal – aber danke für dein Hilfsangebot. Wir machen es lieber auf altbewährte Weise. Eine bewegte Werbeanzeige kannst du mir sehr gern nach den Feiertagen gestalten, wenn es um den Winterschlussverkauf geht.«

Gurian ist ein bisschen eingeschnappt. Schon wieder wird seine Hilfe nicht gewollt – aber offenbar sind die Menschen in der Vergangenheit noch nicht so weit. Er jedenfalls freut sich immer, wenn an seinem Geburtstag ein digitaler Gruß auf einem der Displays in seiner Wohnung aufpoppt. Oft sind diese Grüße witzig gestaltet, immer mit Mühe. Und wenn darin jemand Werbung für sein Business macht – was soll's?

Eine Frage brennt ihm noch auf den Lippen.

»Darf ich noch was fragen?«

»Klar.«

»Warum verbittet ihr euch einen Frühstart, was das weihnachtliche Keksessen und das Adventskranzanzünden betrifft – und beeilt euch aber, den Kunden so viele Tage vor dem Fest Briefe zu schreiben? Bringt das kein Unglück?«, will Gurian wissen. »Geburtstagswünsche werden bei euch ja auch nicht zwei Wochen vor der Zeit übermittelt.«

O du Peinliche

Für viele gehören sie zum Advent wie Kruste zum Festtagsschweinsbraten und *Stille Nacht* zur Weihnachts-Christmette: handgeschriebene Grüße auf Weihnachtskarten. Die hundertste E-Mail wiederum, die unpersönlich »Frohes Fest und guten Rutsch ins neue Jahr« wünscht, landet mit hoher Wahrscheinlichkeit im Nullkommanichts im elektronischen Papierkorb. So einen Gruß braucht niemand. Eine ausgewählt schöne Weihnachtskarte mit zumindest einem persönlichen Satz darin – wer würde sich nicht darüber freuen? Echte Wertschätzung jedenfalls kennt keine gedruckten Standardsätze. Wer eine solche ausdrücken will, greift bei der Weihnachtskarte an Kunden, Freunde und Familie selbst zum Stift und ergänzt einen gedruckten Text, wenn es denn einer sein muss, zumindest mit einer handschriftlichen Anrede, den Grüßen und der Unterschrift – und einem individuellen, persönlichen Satz. Das bekommen sogar Politiker und Prominente hin, auch wenn sie Hunderte von Karten schreiben müssen. »Schön, dass wir auf dem Sommerfest Gelegenheit hatten, uns zu unterhalten, den Abend habe ich in bester Erinnerung!« – das klingt doch nett. Wer bei der Weihnachtspost an die Buchautorin schreibt: »Dein Buch habe ich mit größtem Vergnügen auf der Bahnfahrt zum Nürnberger Christkindlesmarkt gelesen. Ich kaufe es als Weihnachtsgeschenk für alle meine Kollegen« – der macht sich ebenfalls beliebt.

Für Werbung ist auf einer Weihnachtskarte indes wirklich kein Platz. Das ganze Jahr ist voll mit Werbebotschaften und geschäftlichem Gedöns. In der Weihnachtszeit ist weniger mehr: Es ist idealerweise immer noch eine stilvolle und vor allem stille Zeit, wohltuend archaisch, und sie will analog statt digital begangen werden. Wer sich daran hält und Grüße ohne nervige Botschaften verschickt, dafür mit aufrichtig gut gemeinten Wünschen und einem echten Dankeschön für die tolle Zusammenarbeit in diesem Jahr – der tut mehr für sein Image als jemand, der zum Fest der Liebe ein geschäftiges »Ab 27. ist übrigens alles günstiger« absetzt. Es wäre auch schön, die Karte ausnahmsweise nicht in einen geschäftlich wirkenden Fensterbriefumschlag zu stecken, sondern in ein handschriftlich beschriebenes Kuvert, auf dem idealerweise eine weihnachtliche Sonderbriefmarke prangt.

Allerdings: Geschäftliche Weihnachtsgrüße sollten beim Empfänger tatsächlich zehn bis 14 Tage vor dem Fest eintreffen. Wer bereits zu Beginn des Advents seine Post verschickt, macht den Eindruck, sich möglichst schnell der lästigen Kartenschreibepflicht entledigen zu wollen. Wer sie erst spät auf den Weg bringt, riskiert, dass der Adressat bereits vorzeitig oder ganz regulär in den Weihnachtsferien ist und seine Weihnachtspost erst nach Heiligdreikönig öffnet. Darüber dürfte er sich einerseits nicht mehr riesig freuen, andererseits hat er dadurch keine Chance, Weihnachtsgrüße zu erwidern. Es gibt jedoch eine Lösung für Spätzünder: Wer bangen muss, ob die Post noch durchkommt, sollte besser gleich Neujahrswünsche versenden, und das komplett ohne Tannenbaumaufdrucke und Segenswünsche.

Eine andere Möglichkeit ist, von vornherein komplett aus der Reihe zu tanzen und sich eine kreative Alternative zur Weihnachtspost zu überlegen. Wer etwa statt der Weihnachtskarte pünktlich zum 1. Dezember einen Adventskalender an seine Kunden verschenkt oder erst zu Ostern eine Karte mit besten Wünschen schreibt – der fällt auf und bleibt mit seiner individuellen Aktion eher im Gedächtnis hängen als der hundertste Weihnachtsbriefeschreiber.

Übrigens: Wer anlässlich des Weihnachtsfests für einen guten Zweck spendet, statt seine Kunden zu beschenken, tut damit sicher Sinnvolles. Die Formulierung »Anstelle eines Weihnachtsgeschenks an Sie haben wir an ... gespendet« bringt dem Geschäftspartner jedoch nichts. Vielleicht ärgert er sich sogar darüber, auf diese Weise mit der Nase darauf gestoßen zu werden, dass in diesem Jahr die Überraschung ausfällt. Wer dennoch auf seine

Spende aufmerksam machen will, könnte schlicht schreiben: »Wir spenden anlässlich des Weihnachtsfests eine größere Summe an XY. Vielleicht haben Sie Lust, sich mit einem kleinen Betrag zu beteiligen?«

Weihnachtsgrüße an Freunde und Familienangehörige dürfen übrigens zeitlich knapper als berufliche Post versendet werden, doch auch hier gilt: Wer sichergehen will, dass sie rechtzeitig vor dem Fest eintreffen, sollte ein paar Tage Puffer einplanen. Die Wege der Deutschen Post sind zum Fest der Liebe oft verschlungen.

6 BESCHERUNG IM ADVENTS- KALENDER

DER COUNTDOWN BIS ZUM CHRISTKIND

»Es ist nicht zu nicht zu fassen, Jürgen: Wir haben die Adventskalender für die Kinder vergessen! Wie konnte das passieren?« Annette versteht es nicht. Am nächsten Tag ist der 1. Dezember, von dem an täglich bis Weihnachten ein Türchen geöffnet werden darf. Bloß: Welches Türchen, wenn kein Kalender im Haus ist? Das würden die Kinder nicht gut aufnehmen ...

»Gurian, könntest du uns einen Riesengefallen tun und vor Ladenschluss noch zwei Adventskalender für die Kinder holen?«, fragt Annette. »Das wäre super und wichtig … Wir können gerade nicht gut weg, Jürgen ist gleich mit Mike verabredet, und ich stecke mitten in den Vorbereitungen fürs Abendessen.«

»Adventskalender«, sagt Gurian, und ein Fragezeichen scheint ihm im Gesicht zu stehen.

»Ach so, klar kennst du das nicht«, sagt Annette und erklärt ihm, dass es sich dabei um einen speziellen Kalender handelt, der nur die Tage von 1. bis 24. Dezember umfasst. Die Zahlen 1 bis 24 seien auf einem Pappkarton aufgezeichnet, auf 24 Türchen, die sich öffnen lassen. Jeden Tag dürfen die Kinder eins aufmachen, dahinter verberge sich immer eine Überraschung. Dieser Brauch solle ihnen die Wartezeit bis Weihnachten verkürzen. »Gurian, Adventskalender gibt es zum Beispiel in der Innenstadt. Frag doch die Kinder, welche sie haben wollen, gut?«

Mit Sophies »Ich will einen Barbie-Kalender« und mit Lukas' »Ich will Spielzeug« im Kopf macht sich Gurian auf den Weg. Er meint sich sogar an diese Adventskalender zu erinnern – neulich hat er wohl schon welche gesehen, er wusste nur nicht, was die Zahlen darauf zu bedeuten haben. Die Idee, den Kindern damit einen Weihnachts-Countdown zu bescheren, findet er charmant.

Im Supermarkt wird Gurian fündig – und tatsächlich ist auf einem der Kalender Barbie abgebildet; die Puppe kennt er inzwischen dank Sophie sehr gut. Er nimmt den Pappkarton in die Hand und liest auf der Rückseite, dass sich hinter jedem Kalendertürchen ein Stück Schokolade verbirgt. Das klingt perfekt. Was Lukas mit »Spielzeug« gemeint hat, wird Gurian klar, als er einen weiteren Kalender mit dem Bild eines Weihnachtsbaums sieht, vor dem eine kleine Eisenbahn, Bauklötzchen und ein Schaukelpferd ausgebreitet sind. Bestimmt will Lukas diesen Kalender haben, in dem offenbar ebenfalls Schokolade drin steckt. Das ist gut: Dann gibt es keinen Streit darüber, dass beim anderen etwas Cooleres versteckt sei ...

Zufrieden zahlt Gurian und geht nach Hause. Als er die Kalender überreicht, blickt er in lange Gesichter.

»Was ist los, was ist passiert?«, fragt er.

»Ich hab doch ›Spielzeug‹ gesagt!«, brüllt Lukas und wirft den Kalender auf den Boden.

Gurian kann es nicht fassen. »Hey, ich gehe eigens vor Ladenschluss einkaufen, besorge dir einen Kalender mit Spielzeug drauf – und du bist wütend? Was ist los?«

»Echtes«, sagt Lukas nur.

»Echtes was?«, fragt Gurian.

»Na, echtes Spielzeug.« Mit diesen Worten schaltet sich Sophie ein, die augenscheinlich ebenfalls enttäuscht ist.

»Aber ... echtes Spielzeug gibt es doch erst an Weihnachten, oder?«, fragt Gurian.

»Ach, Kinder!« Jetzt kommt Annette dazu, und Gurian sieht, dass sie sich das Lachen verkneift. »Jetzt seid mal nicht so undankbar. Gurian hat es versucht. Er wusste nicht, dass ... Also, dass ihr Kinder euch Kalender mit echten Geschenken drin wünscht, nicht nur mit Schokolade. Wir können das heute nicht mehr ändern, aber wir kaufen zusammen noch mal welche mit Barbie-Zubehör und Spielsachen hinter den Türchen, okay?«

»Na gut«, sagt Lukas, immer noch schmollend. »Die Schokolade kriegen wir aber trotzdem, oder?«

Gurian merkt, dass ihm der Adventskalenderbrauch doch nicht so richtig gefällt. Ist denn heut scho' Weihnachten?

O du Peinliche

Öffnest du noch Türchen – oder feierst du schon Weihnachten? Diese Frage dürften sich viele Menschen stellen, die sich über üppig befüllte Adventskalender wundern. Manche fragen auch, was die Kinder denn noch zum Fest bekommen sollen, wenn sie an den 24 Tagen vorher schon Playmobil, Lego, Barbie – und was der Spielzeugmarkt sonst noch so hergibt – kriegen. Aber: Die Kinder wachsen heute nun mal in einer konsumgeprägten Gesellschaft auf, und es gehört für viele dazu, Tag für Tag ein weiteres Türchen eines aufwendig gefüllten Kalenders zu öffnen. Eltern, die sich in ihrer eigenen Kindheit noch über das tägliche Stück Schokolade gefreut haben, investieren nun in 24 Türchen voller Spielzeug; immerhin bekommen das die anderen Kinder aus der Kindergartengruppe und der Schulklasse auch.

In der Kindheit der jetzigen Elterngeneration war der Schokoladenkalender, den Gurian besorgt hat, der Standard. Er besteht in der Regel aus zwei Lagen Karton, zwischen denen 24 Schokoladenstückchen klemmen. An die gelangt man Stück für Stück beim täglichen Öffnen der Türchen. Diese Kalender gibt es auch heute noch – aber eher als Zugabe zum Spielzeug-Countdown.

In ihren Anfängen im 19. Jahrhundert fielen die Adventskalender deutlich minimalistischer aus. In vielen evangelischen Familien hatte sich damals die Tradition entwickelt, täglich bis zum Fest ein Bild an die Wand zu hängen, bis schließlich insgesamt 24 Werke den Raum verzierten. Alternativ kritzelten die Eltern 24 Kreidestriche an den Türstock. Die Kinder durften täglich einen entfernen. Charmant war die Variante, an jedem der 24 Tage bis zum Fest einen Strohhalm in eine Krippe zu legen, damit es das Christkind an Heiligabend weich haben würde.

Die Adventskerze, die Tag für Tag eine ihrer 24 Kerben hinabbrennt, ist damals wie heute beliebt. Solche Zeitmesser waren übrigens für die Mönche in mittelalterlichen Klöstern als sogenannte »Stundenkerzen« wichtig. Eine Adventsuhr für Kinder, deren Zeiger immer weiter voranrückte, soll von einer Buchhandlung im Jahr 1902 als Vorläufer heutiger Adventskalender gefertigt worden sein.

Was für die Entwicklung der 24 Türchen bahnbrechend war: In der zweiten Hälfte des 19. Jahrhunderts nähte eine evangelische Pfarrersfrau aus Maulbronn in Baden-Württemberg für ihren Sohn, den kleinen Gerhard Lang, 24 Plätzchen auf einen Karton. Er durfte sich die Wartezeit aufs Fest verkürzen, indem er jeden Tag eine der Leckereien naschte. Das hatte Folgen, im besten Sinne: Als Mitbesitzer einer Münchner Druckerei erinnerte sich Gerhard Lang Jahre später an die wundervolle Wartehilfe seiner Mutter und wollte nun selbst eine solche entwerfen. Er fertigte in der Folge einen Adventskalender aus zwei Blättern an. Auf dem einen Blatt waren Kästchen für die Adventstage abgebildet, auf dem anderen Bildchen, die etwa Engel und Weihnachtsschmuck zeigten. Kinder konnten diese Motive ausschneiden und auf die Zahlen kleben, die die Adventstage repräsentierten. Gerhard Lang hatte hiermit den ersten gedruckten Adventskalender gefertigt, der noch ohne Türchen auskommen musste.

Diese gab es schließlich ab etwa 1920: Dann gingen Kalender mit Türchen in Serie, hinter denen sich zunächst Bibel- oder Liedtexte verbargen. Der erste Schokoadventskalender soll in den 1950er Jahren fabriziert worden sein.

Wenn Eltern nun heute nicht selbst 24 kleine Geschenke in Säckchen packen, was in vielen Familien Tradition ist, dann greifen sie gerne auf die Kalender der Spielwarenindustrie zurück. Spielwarenhersteller haben für praktisch jeden Lieblingshelden aus dem Kinderzimmer passende Adventskalender im Programm und befüllen sie mit Accessoires von Barbie, Hello Kitty, *Star Wars*, Spiderman. Mit Weihnachten haben die Inhalte oft wenig zu tun, sofern nicht gerade eine Plastiktanne für das adventliche Playmobil-Wohnzimmer auftaucht.

Inhaltlich komplett unchristlich geht es auch gerne bei Adventskalendern für Erwachsene zu, die schon mal mit 24 Flaschen Bier oder Schnaps gefüllt sind. Für die feinen Damen gibt es Türchen voller Kosmetik, die auch ins Geld gehen können.

Wer denkt, das waren schon die absurdesten Auswüchse der Adventskalenderindustrie, irrt gewaltig: Es gibt Adventskalender für Hunde und Katzen mit Trockenfutter-Leckerlis, es gibt welche mit Sex Toys, mit Saatgut oder mit Werkzeugen von Winkelschrauber bis Spannungsprüfer. Kurzum: Es gibt nichts, was es nicht gibt.

RASANT UND REKORD

Adventskalender im Superlativ

Höher, schneller, weiter: Es gibt nichts, was sich nicht in einem Adventskalender verbergen könnte. Hier drei Beispiele für Türchen, die sich im Superlativ öffnen.

- Einer der **künstlerisch wertvollsten Adventskalender Deutschlands** dürfte an der Fassade des Rathauses des mittelalterlichen Städtchens Gengenbach im Schwarzwald zu sehen sein. In den Fenstern des Gebäudes erscheinen alle Jahre wieder je 24 Werke eines bekannten Künstlers. In einem der vergangenen Jahre staunten die Menschen auf der Straße über Bilder von Marc Chagall, in einem anderen über welche von Franz Josef Tripp, der die Zeichnungen für Kinderbuchklassiker wie *Räuber Hotzenplotz* oder *Jim Knopf* schuf. Ein Höhepunkt war auch der Adventskalender mit Andy-Warhol-Werken. Täglich ab 1. Dezember wird jeweils um 18 Uhr ein Fenster geöffnet.

- Fulminant wirkt auch jedes Jahr wieder der Adventskalender an der Donnersberger-brücke in München. Hinter jedem Türchen der 145 Meter langen und 55 Meter hohen mehrgeschossigen Glasfassade des dortigen Mercedes-Benz-Centers befindet sich ein **Design-Highlight des Automobilkonzerns**. So waren in der Vergangenheit etwa 24 Fahrzeuge zu sehen, die in Filmen verschiedener Jahrzehnte rasante Rollen gespielt hatten, etwa ein 300 SL Flügeltürer aus dem Klassiker *Fahrstuhl zum Schafott* oder ein CL 500 aus *In den Schuhen meiner Schwester*.

- Ein Adventskalender hat es sogar in das *Guinness-Buch der Rekorde* geschafft, als »**teuerster Adventskalender der Welt**«: Für 2,5 Millionen Euro war er zu haben – zuzüglich Mehrwertsteuer. Beim Verkäufer des Schätzchens handelte es sich um das Unternehmen Octagon Blue GVC in Antwerpen, und natürlich verbarg sich hinter den Türchen etwas anderes als Schokolade: In 24 kunstvoll gestalteten Glasbehältern lag je ein Diamant, und obendrauf gab es noch 100 Viertelkaräter, die sich auf zusammen 81 Karat summierten. Der Besitzer des Adventskalenders durfte sich zudem über ein exklusives Schmuckstück freuen, das nach seinen Wünschen und Vorgaben schließlich in einem Atelier in Frankfurt am Main gezaubert wurde.

7 EINE KRIPPE FÜR DEN KÖNIG

IM FUTTERTROG VON OCHS UND ESEL

Am Sonntagvormittag stolpert Jürgen mit einem großen Karton ins Wohnzimmer. »Höchste Zeit, die Krippe aufzubauen«, sagt er. Er stellt den Karton auf dem Boden ab und holt etliche Bücher aus dem Regal, um sie in einen weiteren, leeren Karton zu schichten. »Die müssen wir für die kommenden Wochen einmotten. Wir brauchen den Platz«, erklärt er. Dann holt er in Zeitungspapier verpackte Gegenstände aus dem ominösen Karton, mit dem er vorhin ins Wohnzimmer gekommen ist.

Sophie und Lukas stürmen herbei.

»Wir wollen sie aufstellen!«, rufen sie unisono.

Sie packen den größten Gegenstand aus, und Gurian sieht jetzt, um was es sich dabei handelt: um eine einfache Miniaturhütte, die wie ein Viehstall oder wie eine kleine Scheune aussieht. Die Kinder stellen das Häuschen auf den frei gewordenen Platz im Regal.

»Was ist das denn?«, fragt Gurian. »Ein Spielzeugbauernhof?«

»Das ist eine Weihnachtskrippe«, sagt Jürgen feierlich. »Da drin wurde Jesus geboren. Also, nicht in unserer natürlich – aber in einer ähnlichen, echten, vor mehr als 2.000 Jahren in Bethlehem. Er kam damals als Gottes Sohn auf die Erde.«

Die Miniaturkrippe mache die Weihnachtsgeschichte anschaulicher, indem die Szenen von damals mit Figuren nachgestellt werden. Dass Gottes Sohn als Mensch auf die Erde gekommen sei, sei der Grund dafür, dass Weihnachten gefeiert werde.

»Wir stellen unsere Krippe schon zu Beginn des Advents auf, dann können wir die Ereignisse, die sich um Jesu Geburt herum abgespielt haben, besser nachvollziehen. Unsere Kinder wissen jedenfalls, warum wir Weihnachten feiern und dass es nicht nur um die Geschenke geht«, sagt Jürgen und fügt lachend hinzu: »Theoretisch wissen sie das jedenfalls.«

Er sagt den Kindern, sie sollen erst die Szene aufstellen, die zeige, wie der Erzengel Gabriel Maria verkündet, dass sie Gottes Sohn durch den Heiligen Geist empfangen habe und dass sie ihn zur Welt bringen werde – obwohl sie eine Jungfrau sei.

Gurian blickt argwöhnisch drein. »Das glaubt ihr wirklich?«, fragt er.

Jürgen geht nicht darauf ein, er erzählt weiter. »Bald folgt die Szene, in der Maria und Josef eine Bleibe suchen. Als Maria hochschwanger ist, müssen sie nämlich nach Bethlehem reisen, weil dort eine Volkszählung stattfindet. Es gab allerdings weit und breit keine Unterkunft mehr, die Hochschwangere und ihr Mann wurden überall abgewiesen.« Nach langer Suche aber hätten sie Platz in der Krippe gefunden, in der Jesus geboren wurde.

Nicht in allen Familien werde die Weihnachtskrippe bereits Anfang Advent aufgestellt, manche holen sie erst kurz vor Weihnachten hervor. Vielen sei es aber wichtig, den Weg bis zur Heiligen Nacht darzustellen – und auch in den Kirchen sei sie jetzt schon häufig zu sehen. Dort gebe es auch häufig sogenannte Ganzjahreskrippen, in denen mehrfach im Jahr ein Szenenwechsel stattfinde. In der Osterzeit werde dann ebenfalls umdekoriert in der Krippe – dann erzähle sie, wie Jesus gestorben und wieder auferstanden sei.

»Eine Ganzjahreskrippe ist aber sogar uns Traditionalisten zu viel«, sagt Jürgen und lacht.

»Jesus wurde in einem Viehstall geboren?«, fragt Gurian.

»Ja – und den Überlieferungen zufolge soll in jener Nacht über dem Stall ein Stern besonders hell geleuchtet haben – der Stern von Bethlehem«, erzählt Jürgen. Einige Hirten sollen diesem gefolgt sein. Schließlich haben sie in der Krippe das Jesuskind gefunden. Auch drei Sterndeuter, die Heiligen Drei Könige, haben sich auf den Weg gemacht, um dem, wie sie glaubten, neugeborenen König der Juden zu huldigen. »So wurden auch Hirten und Könige zum Krippenpersonal.«

Gurian staunt. Weihnachten hat ja eine viel tiefere Tradition aufzuweisen als Halloween und alle anderen Feste, die er kennt. Darum ranken sich Geschichten, auf denen die ganze Glaubenswelt seiner Vorfahren aufbaut. Und die seiner Vor- und Vorvorfahren. Wie konnte es passieren, dass dies alles innerhalb der 200 Jahre bis zu seiner Generation verloren gegangen ist? Was für ein Schatz dieses Wissen um Jesu Geburt ist!

Er hilft den Kindern, die Krippenfiguren von Zeitungspapier zu befreien. Diese scheinen handgeschnitzt und mit viel Liebe zum Detail bemalt zu sein. Gurian identifiziert Maria, Josef, Tiere, die Hirten, die Drei Könige und ein Baby. Sophie stellt einen Futtertrog mitten in den Stall, zwischen einen Ochsen und einen Esel, und deutet darauf. »In diese Futterkrippe kommt das Jesuskind nach seiner Geburt hinein.«

»Ihr könnt doch den Sohn eures Gottes nicht in einen Futtertrog legen!« Gurian ist ehrlich entsetzt.

»Wohin denn sonst?«, fragt Sophie lachend.

»Na, ein Ochse würde sicherlich wild werden, wenn da, wo sonst sein Futter ist, ein Baby liegt ...«

»Hm, stimmt eigentlich«, sagt Jürgen. »Soll aber so gewesen sein.«

»Aber ich gebe zu«, sagt Gurian und legt das Kind in die Krippe, »dass das nicht der unrealistischste Teil eurer Weihnachtsgeschichte ist.«

Jürgen nimmt die Jesusfigur wieder aus dem Trog. »Nein, Gurian, das Baby kommt erst Weihnachten in die Krippe, nach der Christmette. Dann ist Jesus doch erst auf der Welt ...«

O du Peinliche

Es gibt sie minimalistisch, aus nur einem einzigen Holzstück gefertigt oder als riesige Landschaftsdarstellung. Es gibt sie aus Holz, Ton, Gips – oder von Playmobil. Auf Weihnachtsmärkten ist sie manchmal sogar mit echten Tieren vertreten, etwa mit Ziegen und Schafen: Die Krippe, wie auch immer sie im konkreten Fall aussehen mag, ist in der

Weihnachtszeit nicht mehr aus deutschen Wohnzimmern, aus Kirchen und aus der Öffentlichkeit wegzudenken. Bis sich im 19. Jahrhundert der Christbaum zum Mittelpunkt der Weihnachtsfeier gemausert hat, zog die Krippe alle Aufmerksamkeit auf der Familienfeier auf sich. In Italien ist sie bis heute wichtiger als der Baum.

Zum festen Krippeninventar gehören heute das Jesuskind in der Futterkrippe, Maria und Josef, Ochs und Esel und die Heiligen Drei Könige Kaspar, Melchior und Balthasar. Meistens sind auch der Verkündigungsengel, Hirten und Schafe im Rennen. Und Gurian hat vermutlich recht: Realistisch betrachtet würde ein Ochs wohl eher wild werden, wenn da jemand in seiner Futterkrippe liegt. Doch erstens: Vielleicht würde er es spüren, wenn es sich dabei um Gottes Sohn handelt. Und zweitens: Obwohl Ochs und Esel in kaum einer aktuellen Krippendarstellung fehlen, befanden sich beide Tiere vermutlich nicht während Jesu Geburt im Stall. In den beiden Evangelien der Bibel, die die Weihnachtsgeschichte behandeln – im Lukas- und im Matthäusevangelium –, ist jedenfalls keine Rede von ihnen. Sie können heute wohl unter dem Siegel »unrealistische, aber nette Krippendeko« laufen.

Versuche, die Weihnachtsgeschichte zu veranschaulichen, gibt es schon lange. Aus dem 4. Jahrhundert sind erste bildliche Darstellungen von Jesu Geburt aus den Katakomben Roms überliefert. Die erste figürliche Krippe geht vermutlich auf Franz von Assisi zurück: Im Jahr 1223 führte er einen lebendigen Ochsen und einen Esel zu einer Futterkrippe im italienischen Greccio und hielt in dieser Kulisse vor vielen Menschen eine mitreißende Weihnachtspredigt. Diese Szenerie sollte der Menge die Weihnachtsgeschichte verdeutlichen. Insgesamt zog Franz von Assisis Aktion weite Kreise: Von nun an sollen sich figürliche Weihnachtsdarstellungen in den katholischen Kirchen sämtlicher Länder Europas ausgebreitet haben, vor allem im Süden Deutschlands, in Österreich, Italien, Spanien, Portugal, Südfrankreich, Polen, Tschechien und der Slowakei.

Die erste Krippe in ihrer heutigen Form dürften die Jesuiten im Jahr 1562 in Prag gebaut haben – in der St.-Clemens-Kirche neben der Karlsbrücke. Auch in Deutschland waren es die Jesuiten, die die ersten Krippen schufen: 1601 entstand die erste deutsche in Altötting. 1607 folgte eine in St. Michael in München. In der Zeit des Barock hatte die Krippenliebhaberei ihren Höhepunkt, die Szenerien waren damals in aller Üppigkeit gestaltet. Eine wichtige Rolle spielten sie auch auf den Missionsreisen der Jesuiten, um mehr und mehr Menschen die Ereignisse rund um Weihnachten buchstäblich begreiflich zu machen. So kommt es, dass Krippen praktisch überall existieren, wo Christen leben, etwa aus Ebenholz in Afrika oder aus gebranntem Ton in Guatemala.

Während die ersten Krippen anfangs nur Jesus im Futtertrog zeigten, vergrößert sich der Personalstand allmählich, denn Maria und Josef, Ochs und Esel kamen dazu. Im Laufe des 19. Jahrhunderts erschienen die Heiligen Drei Könige sowie viele Hirten mit ihren Schafen. Das Dach des Stalles zierte schließlich der Stern von Bethlehem, und der Verkündigungsengel komplettierte die Krippenmannschaft.

Auch das Drumherum veränderte sich im Laufe der Zeit und je nach Gegend, die Krippen fanden sich in Landschaften wieder, etwa in orientalischen Wüstengegenden mit Palmen – wie in Israel. Doch auch in alpine Berggebiete werden Krippen gesetzt, die sogenannten Heimatkrippen, die häufig wie Wanderhütten aussehen, an denen nur der mit Geranien bepflanzte Aussichtsbalkon fehlt. Maria und Josef wechseln entsprechend den Gepflogenheiten des Landes, in dem die Krippenbauer leben, Hautfarbe und Klamotten. Sie leben mal in einer Höhle, in einer Hütte oder einem Königshaus.

Es gab übrigens eine Zeit, in der sich die Heilige Familie zurückziehen musste: Im Zuge von Aufklärung und Säkularisation herrschte ab Ende des 18. Jahrhunderts in verschiedenen Regionen Krippenverbot, etwa in Österreich und Bayern. Viele wertvolle Krippen gingen damals verloren. Der Brauch indes verschwand nicht von der Bildfläche, im Gegenteil: Während es vor dieser Zeit nur selten Krippen für private Haushalte gab, holten sich nun mehr und mehr Menschen welche ins eigene Wohnzimmer. 1825 wurde das Verbot auf Druck des Volkes wieder aufgehoben. Spätestens seit Ende des 19. Jahrhunderts wollten auch evangelische Familien eigene Krippen besitzen, obwohl sie bis dahin als katholisches Weihnachtsaccessoire galten.

Der Zeitpunkt übrigens, an dem alle Jahre wieder die Krippe aus dem Keller geholt und aufgebaut werden soll, ist nirgends geregelt. In der katholischen Tradition stellen Familien bereits zu Beginn des Advents den leeren Stall auf, der im Laufe der Vorweihnachtszeit langsam gefüllt wird. Kurz vor Weihnachten betreten Maria und Josef die Szenerie. Höhepunkt ist natürlich Heiligabend, wenn idealerweise nach der Christmette das Jesuskind in die Futterkrippe gelegt wird.

An den beiden folgenden Weihnachtstagen erreichen Hirten und Schafe die Krippe und schließlich am Dreikönigstag, dem 6. Januar, die Heiligen Drei Könige mit ihren Geschenken (siehe Seite 237). Häufig stellen Familien – vor allem evangelische – die Krippe auch komplett in einem Schwung auf, in der Regel kurz vor Weihnachten.

BERÜHMTE KRIPPEN

Große Krippen sind für viele Menschen wie dreidimensionale Wimmelbücher: Der Betrachter entdeckt immer wieder Neues, weil die meisten liebevoll und detailreich gestaltet sind. Idealerweise kann sich der Betrachter gar nicht mehr losreißen, weil er in den Darstellungen beeindruckende Landschaften und Inhalte entdeckt, die über die Weihnachtsgeschichte hinausgehen. Es ist oft große Kunst, die da gezeigt wird. Krippen, deren Betrachtung sich immer wieder lohnt, sind beispielsweise folgende:

- Die **Friedenskrippe**, die in den vergangenen Jahren immer wieder in den Colonaden des Kölner Hauptbahnhofs aufgestellt war, zeigt auf dramatische Weise die Trümmerlandschaft der Kölner Altstadt im Jahr 1946. Auf zwölf Quadratmetern erleben Ausgebombte und Trümmerfrauen statt Hirten und heiligen Königen die Menschwerdung Gottes. Maria, Josef und das Jesuskind schlüpfen in der Ruine der romanischen Kirche Groß St. Martin unter. Darüber hinaus sind viele weitere Szenen der Nachkriegszeit zu sehen: Menschen, die Schutt wegräumen oder mit Brot handeln, letzte Fetzen von Propagandaplakaten, ein Schild mit dem Hinweis auf einen Luftschutzraum. Gestaltet wurde die Friedenskrippe von den Krippenfreunden Region Köln erstmals im Jahr 2005 als Ausgangspunkt des Kölner Krippenwegs.

- Der Krippenbau in Neapel hat eine lange Tradition; eine **typische neapolitanische Krippe** bildet das Alltagsleben des Volks im 18. Jahrhundert ab, aber auch die tanzende und schlemmende Bevölkerung. Die Heilige Familie erhält in den riesigen Krippenlandschaften eine prominente Rolle, ist aber oft nicht im Mittelpunkt der Szenerie zu finden. Konkurrenz bekommen Maria, Josef und das Jesuskind etwa von einer kochenden Bäuerin, einem Pizzabäcker am Holzofen oder einer Wäsche wringenden Hausfrau. Dazwischen ist auch mal eine Spaghetti-Köchin oder ein Prominenter zu sehen, die neben den Hirten und den Heiligen Drei Königen an der Krippe stehen. Wer neapolitanische Krippen bewundern will, sollte sich im Herzen des Krippenbaus der italienischen Stadt einfinden: entlang der Via San Gregorio Armeno in der Altstadt Neapels sind zahlreiche Läden und Werkstätten mit Krippen, Figuren und Zubehör zu finden. Im Advent verwandelt sich die Straße in den größten Weihnachtsmarkt der Stadt. In italienischen Wohnzimmern bauen die Menschen die Krippen in der Regel am 8. Dezember auf, am katholischen Feiertag Festa dell'Immacolata Concezione, dem Fest der unbefleckten Empfängnis. Auch der in Italien unbedeutendere Weihnachtsbaum wird dann in der Regel aufgestellt und geschmückt. Das Christuskind wird jedoch erst an Heiligabend in die Krippe gelegt.

- Das gesamte Leben Jesu, angefangen von der Nachricht an Maria, dass sie schwanger sei, bis hin zur Herabkunft des Heiligen Geistes, ist in der **Jahreskrippe der Gebrüder Probst** in der Brixner Hofburg zu sehen, neben vielen anderen Krippen. Die Probstsche Krippe umfasst mehr als 5.000 Figuren und über 50 Szenen. Sie gehörte einst Fürstbischof Karl Franz Graf Lodron, der im frühen 19. Jahrhundert eine Jahreskrippe für seine Wohnräume in Auftrag gegeben hat. Sie stand schließlich in seinem Vorzimmer; jeden Sonntag gab es einen Szenenwechsel.

8 BESUCH VON BISCHOF NIKOLAUS

WEIHNACHTSMANNFREIE ZONE

Gurian sieht die Kostüme an den Kleiderstangen des Kostümverleihs durch. Rote Mäntel, die an Bademäntel erinnern, seidige weiße Kleider, aber auch grobe dunkle Jacken hängen da, die aussehen, als würden sie für Waldarbeiter gebraucht. An einem Wühltisch findet er Mützen, Handschuhe, Bärte und blond gelockte Perücken »fürs Christkind«, wie auf einem Zettel zu lesen ist. Gurian überlegt, ob er sich solch blonde Locken aufsetzen soll, wenn er in ein paar Wochen zurück in die Zukunft reist. Es gibt zwar viele blond gefärbte Frauen und Männer und auch Kinder in seiner Welt – aber die Farbe ist dennoch ungewöhnlich, denn Menschen mit ungefärbtem, echtem Blondhaar sind eine Rarität. Es kommt ihm jedenfalls so vor, als würden hier, in der Vergangenheit, noch deutlich mehr natürlich blondhaarige Menschen existieren.

Noch rarer machen sich in der Zukunft allerdings Nikoläuse – die gibt es nämlich gar nicht mehr. Gut, dass Gurian zwei Tage zuvor einen im Kaufhaus gesehen hat, sonst wüsste er gar nicht, zu welchem Kostüm er jetzt greifen muss. Der Nikolaus hat Schnapspralinen an die erwachsenen Kunden und Schokobonbons an die Kinder verteilt. Gurian wählt einen samtenen, roten Mantel mit Kapuze – so einen hat der Kaufhausmitarbeiter auch getragen. Dann entdeckt er nicht nur einen passenden weißen Rauschebart zum Aufkleben, sondern auch buschige weiße Augenbrauen. Die hält er sich testweise über seine eigenen brünetten. »So sehe ich also in 30 Jahren aus«, denkt er sich und sagt mit tiefer Stimme: »Ho, ho, ho!« Das hat der Nikolaus im Kaufhaus auch immer gemacht. Gurian findet sich sehr überzeugend. Kurz vor der Kasse packt er noch einen Sack ein, in den er die Geschenke stecken wird, die Annette im Gartenhaus deponiert hat.

»Zieh dich dort um«, hat sie ihm eingebläut. »Lass deine Schuhe dort und schlüpf in die Gummistiefel, die da stehen. Ich hab dir auch ein goldenes Buch vorbereitet, in dem du nachlesen kannst, wie sich die Kinder in diesem Jahr verhalten haben.« Daraus soll er später vortragen, wenn er sich im Wohnzimmer der Hollerbachs befindet – mit verstellter Stimme. Anschließend darf er die Geschenke verteilen, bevor er wieder ins Gartenhaus verschwindet, sich umzieht und die Klamotten zurück zum Verleih bringt.

Als er schließlich in voller Nikolausmontur vor der Haustür der Familie steht, zweifelt er: Werden ihn die Kinder erkennen? Oder werden sie tatsächlich glauben, dass er ein heiliger Bischof ist? Doch Annette hat wegen seiner Zweifel grinsen müssen und ihm versichert, dass sie ihm die Geschichte, er sei der Nikolaus, leichter abnehmen werden als die, dass er ein Verwandter aus der Zukunft sei.

Er klingelt. Durch die gläserne Eingangstür sieht er Sophie, die noch zögert, ihm zu öffnen. »Mamaaa, ich glaube, es ist der Nikolaus«, ruft sie und klingt ein bisschen ängstlich. Gurian muss lächeln.

»Mach ihm auf«, ruft Annette aus dem Hintergrund. Jetzt kommt auch Lukas. Die Kinder öffnen dem Nikolaus und sehen ihn aus großen Augen an.

»Kommen Sie rein«, ruft Annette aus dem Wohnzimmer.

Die Kinder gehen voran, Gurian stapft hinterher. Als er an der Tür zum Wohnzimmer steht, entdeckt ihn Annette und sieht ihn ebenso entgeistert an wie die Kinder.

»Warum schaut sie nur so«, denkt Gurian. »Sie weiß doch, dass ich es bin?«

Die Kinder strahlen und schieben ihm einen Stuhl hin. Er setzt sich, zieht das goldene Buch hervor und liest.

»Ich bin jetzt also bei den lieben Kindern der Familie Hollerbach. Du, Sophie, bist immer hilfsbereit, höre ich. Du teilst viel, machst deine Hausaufgaben sorgfältig und hast viele Freunde. Das lese ich gerne«, sagt er. »Nur abends, da kriegen dich deine Eltern immer nur schwer ins Bett.« Als Geschenk zieht er eine Meerjungfrauen-Barbie aus dem Sack. Lukas bekommt einen Transformer: ein Spielzeug, das sich in ein Auto und in einen Kämpfer verwandeln lässt. In der Zukunft gibt es so was auch, nur dass sich die Transformer per Knopfdruck noch in Dinos, Vögel, Käfer, Drohnen und so weiter verändern lassen.

Die Kinder strahlen, doch Annette scheint ihn böse anzublicken. Gurian merkt, wie ihr Jürgen beschwichtigend über den Arm streichelt. Was ist denn nicht in Ordnung?

Zum Abschied singen die Kinder noch ein Lied. »Lustig, lustig, trallalalala, heut' ist Nikolausabend da«, texten sie.

Als sich Gurian verabschiedet, hechtet ihm Annette hinterher. »Wie konntest du das nur anziehen? Hast du dich nicht beraten lassen?«, zischt sie ihm beim Hinausgehen zu.

»Wie, du wolltest doch, dass ich mich kostümiere? Die Kinder fanden das doch gut, oder?«

»Ja, aber ich wollte, dass du als Nikolaus kommst! Nicht als Weihnachtsmann, der hat hier heute überhaupt nichts zu suchen«, sagt sie. »Ich glaube, die Kinder haben es zum Glück nicht bemerkt. Aber, oh Mann: Ich will, dass sie mit dem Nikolaus aufwachsen und nicht mit der Werbefigur von Coca-Cola.«

»Oh«, sagt Gurian. »Das versteh ich jetzt nicht. Lass uns später reden, gut?« Traurig verlässt er das Haus. Coca-Cola kennt er. Aber wieso sagt Annette, er sei eine Werbefigur, und wieso spricht sie ihm ab, als Nikolaus verkleidet zu sein? Er weiß nicht, was sie meint, und schaut beim Umziehen verunsichert den Mantel durch. Ist da irgendwo ein Coca-Cola-Schriftzug angebracht, den er übersehen hat?

O du Peinliche

Wer trägt einen roten Mantel, hat einen langen, weißen Bart und bringt den Kindern Geschenke? Zugegeben: Jetzt könnten einem gleich zwei Herren einfallen, auf die diese Beschreibung zutrifft. Es gilt jedoch, sie genauestens zu unterscheiden, denn: Am Nikolaustag kann es nur der heilige Nikolaus sein, der als rauschbärtiger Geschenkebringer unterwegs ist und seine Gaben persönlich oder heimlich in gut geputzten Schuhen braver Kinder überbringt. Der andere, der Weihnachtsmann, mit dem er oft verwechselt wird, sollte erst an Weihnachten in Erscheinung treten, wenn überhaupt (mehr dazu auf Seite 197). Es ist wichtig, die Herren auseinanderzuhalten, sie wollen genauso wenig verwechselt werden wie das Christkind und die Zahnfee.

Obwohl er Weihnachten im Namen trägt, wird der Weihnachtsmann häufig schon vorher von der Leine gelassen: Oft zeigt er sich bereits den gesamten Advent hindurch in Kaufhäusern und auf Weihnachtsmärkten – und was für viele fatal ist: Er wildert auch gelegentlich am Nikolaustag in den Revieren des heiligen Bischofs. Dafür kann er nichts, das haben die Menschen zu verantworten, in deren Köpfen die beiden Herren zu einer Einheit verschmelzen – mal aus Unwissenheit, mal aus praktischen Gründen. Denn für jemanden, der sich als Nikolaus verkleiden soll, ist so ein Mantel mit Zipfelmütze, wie ihn der Weihnachtsmann trägt, oft leichter zu organisieren als ein Nikolauskostüm, das immerhin an eine echte Bischofskluft erinnern soll, inklusive Bischofsmantel, Bischofshut und Bischofsstab. Ein Fehltritt sondergleichen ist es dennoch, am Nikolaustag als Weihnachtsmann in Haushalten zu erscheinen, die Wert auf echten Bischofsbesuch legen. Damit es seltener zu solchen Fettnäpfchen kommt, hat das Bonifatiuswerk der deutschen Katholiken die Aktion »weihnachtsmannfreie Zone« ins Leben gerufen, die über den heiligen Nikolaus, »das Original«, und die von ihm verkörperten Werte wie Nächstenliebe und selbstloses Handeln aufklärt. Dem Weihnachtsmann zeigen die Katholiken die rote Karte. Er ist zwar, anders als viele fälschlicherweise glauben, keine Erfindung von Coca-Cola. Eine Heiligenvita hat er dennoch nicht aufzuweisen.

Der echte Nikolaus wiederum wird heute fast als der Popstar unter den Heiligen verehrt. Kurioserweise ist seine Vita aus der zweier Persönlichkeiten verschmolzen – das scheint das Los des Nikolaus zu sein. Vor allem dürfte Nikolaus, wie er heute gesehen wird, auf Nikolaus, Bischof von Myra, zurückgehen, der um 280 nach Christus in der Region Lykien geboren wurde. Doch auch Legenden, die sich um den ebenfalls mildtätigen Namensvetter aus dem sechsten Jahrhundert, um Nikolaus, Bischof von Pinara, ranken, spielen eine Rolle.

Der heilige Nikolaus aus Myra, dem heutigen Demre in der Türkei, wurde als Sohn reicher Kaufleute geboren. Als junger Mann verschenkte er sein ganzes Hab und Gut an die Armen, wurde Mönch und schließlich Bischof. 310 soll er während der Christenverfolgungen gefangen genommen und gefoltert worden – aber wieder freigekommen sein. Als sein Todestag ist der 6. Dezember überliefert, das Jahr ist allerdings unklar: Möglich sind 326, 345, 351 und 365.

Wundergeschichten über den heiligen Mann aus Myra gibt es einige. So gerieten einst ein paar Seeleute in Not, sie beteten zu Nikolaus. Er erschien daraufhin auf ihrem Schiff, woraufhin der Sturm aufhörte. Die Seemänner waren gerettet.

Dass der Nikolaustag zum Geschenketag wurde, beruht auf einer weiteren Legende: Ein armer Mann, der seine drei Töchter aus Geldmangel nicht mit der nötigen Mitgift für eine Hochzeit ausstatten konnte, plante gezwungenermaßen, sie als Sklavinnen oder Prostituierte zu verkaufen. Nikolaus, der von der Situation gehört hatte, soll an drei aufeinanderfolgenden Tagen je einen großen Goldklumpen durch ein Fenster ins Haus der Jungfrauen geworfen haben. Einer soll in einem zum Trocknen aufgehängten Frauenstrumpf gelandet sein ... Die Töchter konnten durch diese großzügige Gabe in eine bessere Zukunft blicken – und die Legende des heiligen Nikolaus, der Geschenke in Stiefeln und Socken hinterlässt, nahm ihren Lauf.

Nach Nikolaus' Tod verbreiteten sich die Geschichten über sein mildtätiges Handeln und die Wunder. 200 Jahre nachdem er gestorben war, begannen die Menschen zunächst im griechischen Osten, den Bischof im großen Stil zu verehren. Im 8. Jahrhundert wurde ihm schwerpunktmäßig in Russland gehuldigt, dort wurde er zum Landespatron erklärt. Ab dem 10. Jahrhundert feierten ihn auch die Deutschen, die Franzosen und die Engländer. Europaweite Berühmtheit erlangte er, als 1087 italienische Seeleute seine Gebeine in Myra geraubt hatten, um sie nach Bari in Apulien zu holen. Dort bauten die Menschen eine eigene Kirche für die Reliquien. Bis heute sind sie dort gelagert, was jedes Jahr Anlass für ein großes Fest bietet.

Um 1300 hatte sich schließlich der Brauch der Nikolaus-Bescherung entwickelt. Die Menschen machten den 6. Dezember, den Todestag des Bischofs, zum größten Geschenkefest des Jahres. Reformator Martin Luther allerdings schob der großen Schenkerei zum Nikolaustag rund 200 Jahre später einen Riegel vor, er hielt die Verehrung des Heiligen für ein »kyndisch Ding« und setzte alle Hebel in Bewegung, damit das Beschenken der Kinder stattdessen an Weihnachten stattfinden würde: Denn nur die Geburt Christi solle gefeiert werden.

Wie jeder weiß, hatte Luther damit Erfolg – allerdings nicht vollumfänglich: Zwar entwickelte sich Weihnachten zum größten Geschenkefest im Jahreskalender, der Nikolaus aber lässt es sich nach wie vor nicht nehmen, zumindest kleine Aufmerksamkeiten vorbeizubringen.

Diese verschenkt der Heilige heutzutage je nach Region am Abend des 5. oder im Laufe des 6. Dezember, auch mal in Begleitung von Helfern. Häufig ist es ein Familienmitglied, ein Freund der Familie oder ein jobbender Student, der als Nikolaus verkleidet in die Wohnzimmer der Familien kommt. Nicht überall lässt er sich persönlich blicken; oft füllt er die Geschenke beim Vorbeigehen in die geputzten Stiefel, die Kinder vor die Tür stellen.

Traditionell hinterlässt er darin Süßes, Nüsse und Mandarinen – und neuerdings auch mal größere Geschenke wie Transformer und Barbies.

Diese großen Geschenke würden freilich auch in den Sack des Weihnachtsmanns passen. Das Bild von ihm, wie er auf einem Rentierschlitten vom Himmel zur Erde und wieder zurück saust, geht auf das 1823 anonym veröffentlichte Gedicht *The Night Before Christmas* zurück. Der Weihnachtsmann ist also eine Kunstfigur – und doch auch nicht: Denn Santa Claus, wie er in den USA heißt, hat sich aus dem heiligen Nikolaus und dem holländischen Sinterklaas entwickelt. Letzteren hatten niederländische Auswanderer in die USA verschleppt. Inzwischen ist er wieder ins alte Europa zurückgekommen, allerdings im modernen Gewand und ohne die Bischofslegende. Hier macht er nun seinem Alter Ego, dem Nikolaus, Konkurrenz, was ob der besseren Geschichte, die Nikolaus hat, erstaunlich ist.

SINTERKLAAS

Bescherung auf Holländisch

Die Holländer feiern den Nikolaustag ähnlich rauschend wie die deutschen Nachbarn Weihnachten. Sinterklaas (von Sint Nikolaas) ist in den Niederlanden populärer als Frau Antje, der fliegende Holländer und Grinse-Geiger André Rieu. Wenn Sinterklaas jährlich Mitte November mit dem Dampfschiff aus Spanien ankommt, tritt mit der Liveübertragung im Fernsehen ein Ausnahmezustand ein. Sinterklaas ist aber auch eine Erscheinung, er tritt bei den sonst nicht so klerikalen Holländern immer in spitzenbesetztem Gewand, rotem Bischofsmantel, Stab und Mitra auf, dazu trägt er Stola, weiße Handschuhe und einen Bischofsring. Wie ein Bischof im Hochamt eben. Kinder können in den Wochen bis zum Nikolaustag genau verfolgen, was Sinterklaas so treibt: Täglich sendet das öffentlich-rechtliche Kinderprogramm ein *Sinterklaasjournaal*, das über die täglichen Erlebnisse des Heiligen und seiner Helfer, den Zwarten Pieten (siehe Seite 106), berichtet. Der Höhepunkt der Festivitäten ist der Päckchenabend am 5. Dezember, an dem Sinterklaas entweder persönlich vorbeischaut oder einen Sack voller Geschenke hinterlässt. Der Abend findet im Kreise der Familie statt, mit Essen und Gesang, und oft werden auch Geschenke nach dem Wichtelprinzip verteilt (siehe Seite 135). Ein beliebtes Geschenk sind unter anderem Schokoladenbuchstaben.

Weil die Holländer Sinterklaas derart verehren, ist fast klar, dass sie noch allergischer auf den Weihnachtsmann reagieren als traditionsbewusste Deutsche. Das geht so weit, dass Unbekannte manchmal Schaufenster überkleben, wenn Weihnachtsmannfiguren darin zu sehen sind.

9 **BITTE RECHT FINSTER**

DIE BEGLEITER DES BISCHOFS

Nachdem sich Gurian im Gartenhaus umgezogen hat, macht er sich auf den Weg, um den Coca-Cola-Mantel wieder zurück zum Getränkehändler, pardon, zum Kostümverleih zu bringen. Danach streift er niedergeschlagen durch die Straßen. Was er bei seinem Einsatz als Nikolaus falsch gemacht haben soll – das leuchtet ihm bis jetzt nicht ein. Er muss wohl besser recherchieren, sollte er nochmals so eine verantwortungsvolle Aufgabe bekommen. Ob ihn die Hollerbachs Weihnachten wieder brauchen können? Als Weihnachtsmann? Und dürfte er dann den Coca-Cola-Mantel tragen? Oder ist der generell verpönt? Vielleicht würde Gurian im Kostümverleih dann einen Preisnachlass auf die Leihgebühr bekommen, wenn er das Kostüm in Kürze nochmals holt.

Als er nach seinem Spaziergang wieder in die Nähe des Hauses kommt, in dem die Hollerbachs wohnen, sieht er einen Menschen, der wohl einen Nikolaus darstellt. Aus einiger Entfernung mustert er den Heiligen, der an der Straßenecke zu warten scheint. Ist dieser Herr zu früh dran für seinen Einsatz bei Hollerbachs Nachbarn? Sofort wird Gurian jedenfalls der Unterschied zum Weihnachtsmann, den er selbst gegeben hat, deutlich: Dafür, dass es sich auch bei dem anderen um einen verkleideten Mann handelt, steht er erstaunlich würdevoll da, mit seinem roten Umhang, dem langen goldenen Stab und der spitz zulaufenden Kopfbedeckung. Er trägt auch Stola, weiße Handschuhe und darüber einen Ring. Beeindruckend. Gurian schämt sich – er versteht jetzt, warum Annette ihn im Vergleich dazu für eine Witzfigur im Bademantel gehalten hat.

Plötzlich hört er Schritte in der ansonsten ruhigen Straße näherkommen. Wie ein fernes Donnern hallen sie. Schließlich sieht Gurian, wer dafür verantwortlich ist: ein zotteliges Wesen mit einem Fellmantel, einer Maske und rasselnden Ketten. Es steuert direkt auf den Nikolaus zu, der offenbar auf diesen furchteinflößenden Gesellen gewartet hat. Gurian bekommt es mit der Angst zu tun: Wer zum Henker ist das? Handelt es sich bei diesem Vieh und dem Nikolaus etwa um Räuber, die gemeinsam in der Gegend einbrechen wollen? Wollen sie diese klirrenden Ketten als Waffe einsetzen? Als Gurian sieht, wie sich die beiden dem Nachbarhaus der Hollerbachs nähern, schleicht er selbst zur Haustür seiner Familie. Er wird die Polizei rufen. Vielleicht sollte er auch gleich gemeinsam mit Jürgen zu den Nachbarn gehen, vielleicht brauchen sie Hilfe. Stöcke oder sogar Messer sollten sie zur Verteidigung mitnehmen.

Als er bei Hollerbachs klingelt, öffnet ihm Annette. Sie scheint ihm immer noch böse zu sein, finster, wie sie dreinblickt.

»Du, ich hab den Nikolaus gesehen«, sagt Gurian, außer Atem.

»Ich nicht«, zischt Annette.

Dann kommt Sophie herbeigerannt. »Bei uns war er auch!«, sagt sie mit vor Aufregung geröteten Wangen. »Schau mal, was er mir geschenkt hat.« Sie zieht ihre Barbie hervor – und verschwindet gleich wieder im Kinderzimmer.

»Annette, hör mir zu. Der war mit einem maskierten Typen unterwegs, der in Felle gehüllt und bewaffnet ist. Die sind bei den Nachbarn. Ich hoffe, sie sind nicht in Gefahr ... Ich glaube, wir sollten die Polizei rufen.«

»Ach, die Kuffels haben einen Krampus bestellt? Das finde ich ja toll. Ich hab schon lange keinen mehr gesehen«, sagt sie. »Ich bin gespannt, wie ihre Kinder das aufnehmen. Aber schadet den Bengeln ja nicht.« Und dann kichert sie fies.

»Einen Krampus?«, fragt Gurian erstaunt. Na, dann ist ja alles klar. Nicht.

O du Peinliche

Nikolaus ist heutzutage häufig allein unterwegs – doch das war nicht immer der Fall und ist auch nicht überall so: Manchmal wird er auch heute noch begleitet, und zwar in der Regel von einem finster dreinblickenden Gesellen in dunklen Fellgewändern, der mit einer Rute bewaffnet ist. Der geläufigste Name für den düsteren Begleiter des Bischofs ist Knecht Ruprecht. So heißt er in vielen Teilen Deutschlands, vor allem im Norden. Während Nikolaus bei seinen Besuchen durch ein pädagogisch wertvolles Gespräch zu erziehen versucht, ist der finstere Geselle für die Strafe zuständig, damit die Kinder künftig frommer und fleißiger sind. Gerade in Bayern und Österreich kann es passieren, dass Kindern heute noch damit gedroht wird, dass sie vom »Krampus«, wie er dort heißt, in den Sack gesteckt werden. In Nikolaus und Knecht Ruprecht vereinen sich gute und böse Mächte. Da sie mit den Kindern ein Guter-Bulle-böser-Bulle-Spiel treiben, muss Nikolaus nie aus der Rolle des gütigen Heiligen fallen, egal wie frech die Kinder sind.

Wie der Heilige an den finsteren Mann kam, darüber gibt es nur Spekulationen. Manche führen die Verbindung darauf zurück, dass Nikolaus der Patron der Seeleute ist. Als solcher wird der Bischof als Nachfolger des griechischen Meeresgottes Poseidon oder des römischen Neptun betrachtet. Poseidon war stets in Begleitung seines Sohns Triton, eines Menschenschrecks. Dieser steht für den gefangenen Teufel – und ursprünglich wurde auch Knecht Ruprecht immer vom Nikolaus an der Kette geführt als Zeichen dafür, dass das Gute jederzeit die Kontrolle über das Böse hat.

Je nach Region heißt der finstere Gesell anders. In Österreich und Bayern treibt er, wie schon erwähnt, als Krampus sein Unwesen und ist oft besonders hässlich mit rasselnden Ketten, schwarzen Hörnern, einer überlangen Zunge und einem Schwanz dekoriert. Der Kerl ist eine vom Aussterben bedrohte Spezies. Grünen-Politikerin Josefine Paul, Landtagsabgeordnete in Nordrhein-Westfalen, forderte 2018, dass mit der Tradition des bösen Knecht Ruprecht endlich Schluss sein muss. Er passe nicht mehr in das heutige Bild der Kindererziehung. »Kindern sollte man grundsätzlich nie drohen. Darunter fällt auch die Drohung mit Knecht Ruprecht (Wenn du nicht artig warst ...), die man nicht aussprechen sollte«, erläuterte Paul, die sich auch für den Kinderschutzbund einsetzt, in der *Rheinischen Post*. Kinder sollen am Nikolaustag keine Angst haben. »Vielleicht kann Knecht Ruprecht auch besser beim Tragen der Süßigkeiten helfen, anstatt mit der Rute zu drohen«, sagte die Politikerin.

Häufig sehen die Eltern das inzwischen auch so und belassen es beim Nikolaus. Und wenn ihre Kinder unartig waren, gibt es statt Schokonikoläusen vegane Quinoariegel. Eine pädagogisch wertvolle Höchststrafe.

DER HOLLÄNDISCHE BEGLEITER

Fürchtet ihr den Zwarte Piet?

Es gibt nicht nur böse Bischofsbegleiter – der Zwarte Piet, der Sinterklaas in Holland unter die Arme greift, ist ein sympathischer und bei allen Generationen beliebter Kerl. Er hat dunkle Haut, dicke rote Lippen, krause schwarze Locken und goldene Ohrringe. Der Helfer ist nicht allein mit Sinterklaas, wenn sie aus Spanien anreisen: Wenn der heilige Bischof mit dem Schiff in Holland anlegt, steigt er gemeinsam mit einer Gruppe Zwarte Pieten aus, die ihn unterstützen, wo sie können.

Obwohl er den Kindern statt Schlägen mit der Rute Pepernoten (Pfeffernüsse) und Geschenke bringt, ist Piet nicht unumstritten: Der »Schwarze Peter«, wie er übersetzt werden kann, diskriminiere dunkelhäutige Menschen und erinnere auch mit seinem farbenfrohen Renaissance-Outfit, das man sich so ähnlich wie das des »Sarotti-Mohren« vorstellen muss, an die dunkle Zeit der Kindersklaverei.

Es gibt daher jedes Jahr aufs Neue die Diskussion darüber, ob der »Zwarte Piet« eine rassistische Figur sei – bis hin zur Forderung nach seiner ersatzlosen Abschaffung. Neuerdings sieht man ihn deshalb immer öfter nicht mit komplett schwarz geschminktem Gesicht, sondern mit Rußflecken wie bei einem Schornsteinfeger – was damit begründet wird, dass er die Geschenke ja durch den Kamin bringt. Die Kindersendung *Sinterklaasjournal* zeigt inzwischen neben den schwarzen auch mal weiße und bunte Pieten mit Clownsgesichtern. Manche spotten daher, es gebe neben dem schwarzen Piet jetzt auch einen hellhäutigen Käsepeter. RTL verbannte in Holland den Zwarte Piet komplett aus dem Programm, weil er nicht mehr zeitgemäß sei.

Piet war übrigens nicht immer ein Kinderfreund: Als er im 19. Jahrhundert begann, Sinterklaas zu begleiten, war er noch ein Geselle im Stile von Knecht Ruprecht, der unartige Kinder mit der Rute strafte und damit drohte, sie im Sack nach Spanien mitzunehmen. Seit den 1950er Jahren aber entwickelte er sich mehr und mehr zum Kindermagneten.

BARBARA UND LUCIA

Weitere Heiligkeiten im Advent

Im Advent feiern Katholiken wie auch in anderen Monaten des Kirchenjahres Fest- und Gedenktage von Heiligen – doch die Heiligen des Monats Dezember sind besonders bekannt und beliebt. Neben Nikolaus sind es vor allem zwei Frauen, die in der Vorweihnachtszeit verehrt werden: Barbara und Lucia.

· Die **heilige Barbara** soll im 3. Jahrhundert in Nikomedien in der heutigen Türkei gelebt haben. Sie wollte nicht heiraten, was ihrem Vater missfiel, und bestand darauf, ihr Leben Christus zu widmen. Der Legende nach schleifte sie ihr Vater vor Gericht, weil sie sich taufen ließ.

Sie wurde zum Tode verurteilt. Barbara gilt als Patronin der Bergleute und Sterbenden und als Helferin gegen Blitz- und Feuergefahr. Ihr Namenstag wird am 4. Dezember gefeiert. Damit verbunden ist ein charmanter Brauch, der von vielen katholischen und orthodoxen Christen auch heute noch zelebriert wird: Am 4. Dezember schneiden sie Zweige von Kirsch- oder Apfelbäumen ab, die sogenannten Barbarazweige, und stellen sie in einer Vase in der Wohnung auf. Pünktlich zum Weihnachtsfest sollen sie blühen.

- Die **heilige Lucia**, die besonders in Schweden verehrt wird, wird auch hierzulande immer populärer – gerade weil ein schwedisches Möbelhaus Werbung damit macht, wenn ein weiß gewandetes Mädchen mit roter Schärpe als Lucia durch das Gebäude zieht. Es hat dann immer einen Lichterkranz mit brennenden Kerzen auf dem Kopf. Mit ihrer »Lichterkrone« ist das Mädchen eine Lichtbringerin in der dunklen Jahreszeit. Meist sind es in schwedischen Familien die ältesten Töchter, die sich zum Luciafest in »Luzienbräute« verwandeln und einen Umzug durch den Ort veranstalten. Mit diesem Brauch sagen die Mädchen das Licht vorher, das Weihnachten in die Welt kommt. Die historische Lucia soll als Kind einer vornehmen Familie im Jahr 286 geboren worden sein und in Syrakus auf Sizilien gelebt haben. In der Zeit der Christenverfolgung soll sie in Katakomben Geflüchtete mit Essen versorgt haben. Damit ihre Hände zum Tragen der Lebensmittel frei bleiben konnten, hatte sie sich einen Lichterkranz auf den Kopf gesetzt. Als sie später einen reichen Mann heiraten sollte, verweigerte sie die Ehe – sie wollte keusch bleiben. Der Mann verriet sie beim Kaiser, der sie hinrichten ließ. Das Luciafest, das am 13. Dezember vor allem in Schweden gefeiert wird, gilt als winterliches Gegenstück zur Mittsommernacht.

10 IN DER WEIHNACHTS-BÄCKEREI

KEIN PLÄTZCHEN FÜR KEKSE

»Und es ist wirklich in Ordnung für dich, dass du auf die Kinder aufpasst?«, fragt Annette. Sie kann ihr Glück kaum fassen. Sie hat einen Arzttermin und kann ohne Kinder hingehen. Für eine Mutter ist das eine Besonderheit, sonst muss sie immer für die Bespaßung der Kinder im Wartezimmer sorgen, damit sie weder die anderen Patienten stören noch die technischen Apparaturen in den Praxen auseinandernehmen. Mit Schrecken erinnert sie sich daran, dass die Kinder einmal jede Menge Pflanzengranulat aus einem Blumentopf durch den gesamten Wartebereich einer Zahnarztpraxis kullern ließen ...

»Immer und jederzeit gern«, sagt Gurian. »Ich freu mich, wenn ich behilflich sein kann. Ich beanspruche eure Nerven und eure Zeit schon mehr als genug, da bin ich froh, wenn ich ein bisschen davon zurückgeben kann. Von mir aus kann ich täglich babysitten.«

»Das ist doch gar nicht nötig. Wir freuen uns, dass du da bist. Aber heute ist es wirklich super, dass du Zeit hast – in der Praxis allein, ohne die Kinder, auf meinen Termin warten zu können, das kommt mir gerade wie eine Wellnessbehandlung vor«, sagt Annette.

Sie hofft fast, dass einige Patienten vor ihr dran sind, dann könnte sie in Ruhe in ihrem Buch lesen – und das mitten am Nachmittag! Ein wahrer Luxus, den vielleicht nur Eltern so richtig zu schätzen wissen.

»Ich habe euch auch etwas vorbereitet, was ihr machen könntet«, sagt sie. »Ihr könntet Plätzchen backen! Ich bin selber in diesem Jahr noch nicht dazugekommen, habe aber schon den Teig geknetet.« Er müsse noch eine halbe Stunde im Kühlschrank ruhen, danach könnten Gurian und die Kinder ihn weiterverarbeiten. »Die Förmchen sind in der Schublade unter dem Kühlschrank«, sagt Annette

»Annette, was sind Plätzchen?«, fragt Gurian.

»Ach, die kennst du nicht?«, fragt sie erstaunt. »Ihr armen Menschen aus der Zukunft! Plätzchen sind ähnlich wie Kekse. Winzige Kuchen in allen möglichen Formen. Ach, du kennst sie doch, wir haben welche beim Adventskranzbinden gegessen. Verwendet bei der Zubereitung die Förmchen, die euch gefallen: Sterne, Weihnachtsbäume, so was. Wenn die Plätzchen in Form sind, könnt ihr sie auf Backpapier legen und bei 180 Grad so zehn, zwölf Minuten in den Ofen schieben. Danach könnt ihr sie gern mit Puderzucker und Glitzerstreuseln verzieren. Kriegt ihr das hin?«

Gurian zwinkert den Kindern zu, die gerade in die Küche gekommen sind. »Plätzchenbacken kriegen wir hin, richtig?«, fragt er. Sie nicken eifrig.

»Ihr könnt nichts falsch machen. Viel Spaß in der Weihnachtsbäckerei«, sagt Annette. »Und morgen mache ich noch andere Sorten mit euch. Vanillekipferl. Zimtsterne. Da fällt uns noch eine Menge ein.«

Dann ist sie weg.

Gurian öffnet den Kühlschrank. Da ist in Frischhaltefolie gewickelter Teig. Prima. Dann schaut er in der Schublade nach, in der sich die

Förmchen für diese Weihnachtskekse befinden. Er sieht kleine Silikonbehälter mit gekräuseltem Rand. Bestens, darin sollte man kleine Kuchen formen können.

Sophie sagt: »Das sind ja Muffinförmchen. Lecker, Muffins!«

»Gut, oder?«, fragt Gurian.

Sie nickt freudig.

Eifrig befüllen Gurian und die Kinder die Förmchen mit Teig. Das ist einfach.

Sophie singt währenddessen ein Lied, das sie in der Schule gelernt hat: »In der Weihnachtsbäckerei, gibt es manche Leckerei ...«

Niedlich klingt das. Gurian versucht mitzusingen, um sich das witzige Lied einzuprägen.

Dann kommen die Muffinplätzchen aufs Backpapier und in den Ofen. Gurian merkt, dass sie länger brauchen als zehn, zwölf Minuten – nach der von Annette vorgegebenen Zeit wirkt der Teig noch sehr feucht. Nach 20 Minuten aber scheinen die kleinen Kuchen fertig zu sein.

Als sie abgekühlt sind, streicht Sophie Puderzucker darauf, den sie zuvor mit Zitronensaft vermischt hat, und Lukas lässt ein paar Streusel darauf rieseln. Fertig! Schon wandern die ersten drei Muffins in die Münder der Hobbyköche.

Als Annette kommt, strahlen sie sie an.

»Gekauft habe ich solche Muffinplätzchen ja schon mal«, sagt Gurian. »Aber selbst gebacken schmecken sie noch viel besser. Magst du auch eins haben?«

»Gurian, wieso habt ihr Muffins gebacken? Wo sind die Plätzchen?«, fragt Annette. »Ach Mensch, ich dachte, wir hätten nun endlich etwas selbst gebackenes Weihnachtsgebäck hier. Was soll das denn wieder?«

»Aber Annette, die sind doch köstlich«, sagt Gurian, und dann sagt er nichts mehr. Sie könnten nichts falsch machen, hat sie behauptet, und nun sind seine Kekse wieder nicht gut genug.

O du Peinliche

Zunächst gilt es hier an dieser Stelle, eine Begrifflichkeit zu klären. Es gibt Kekse: industriell gefertigte oder ganzjährig etwa bei IKEA verkaufte Massenware. Es gibt auch Muffins, Donuts und Kuchen – leckeres Gebäck, das das ganze Jahr über neben den Keksen auf dem Kaffeetisch sein darf, aber in der Weihnachtszeit mal pausiert. Dann gibt es nämlich Plätzchen. Diese sind meist selbst gebacken, oft von Mamas, Omas, Papas oder der Familie gemeinsam, immer mit Liebe. Die Plätzchendose verhält sich zur Keksdose wie Mozart zu Modern

Talking. Auf die Idee, Butterkekse oder eine Prinzenrolle auf den weihnachtlichen Naschteller zu legen, ist wohl noch niemand gekommen – und wenn doch, dann hängt bei manchen fortan die Plätzchendose schief.

Genau genommen sind die Unterschiede zwischen Plätzchen und Keksen sogar noch eklatanter, als man es auf den ersten Blick vermuten mag, es handelt sich dabei tatsächlich um grundverschiedene Leckereien. Die Vorläufer der Kekse sind die Gebäckstücke, die die Briten mit auf ihre langen Schiffsreisen nahmen – beinahe unkaputtbaren *English cake*, eine Art Schiffszwieback. Aus diesen *cakes* wurden Kekse. Sie sind in keiner Weise schokoladig, nussig, fein – doch praktisch, nahrhaft und haltbar, weshalb sie guter Reiseproviant sind. Seit dem späten 19. Jahrhundert gibt es auch in Deutschland Keksfabriken, die diese *English cakes* nachbacken.

Doch – um wie viel eleganter kommen Plätzchen daher! Ihren Namen haben sie vom lateinischen *placenta*, dem Wort für »Kuchen«. Da es sich bei Plätzchen um nicht allzu große Gebäckstücke handelt, stehen sie in der Verkleinerungsform da. Sie kamen im 18. Jahrhundert nach Deutschland, als hierzulande Kaffee, Tee, Kakao und damit auch Kaffeekränzchen etabliert wurden. Zu diesen reichten sich die feineren Damen kleine Gebäckstücke. Sie waren aufwendig verziert und mit damals teuren Zutaten wie Mandeln oder Schokolade gebacken – es war der pure Luxus. An Weihnachten wurde noch eine Schippe draufgelegt, die Leckereien waren dann besonders opulent dekoriert. Vor allem Österreicher und Böhmer entwickelten hier kleine kulinarische Kunstwerke wie Spitzbuben, Vanillekipferl, Spritz- und Buttergebäck. All diese Raffiniertheiten kommen in individuellen Formen daher, und letztlich ergaben sich auch in jeder einzelnen Familie über Generationen hinweg überlieferte Familienrezepte. Auf den Keks gehen Bäckern also Menschen, die die selbst gemachten und in mühevoller Kleinarbeit verzierten Plätzchen nicht als solche schätzen.

Mancher Hobbybäcker schafft es, in der Vorweihnachtszeit 20 oder mehr Sorten davon aufzutischen. Wer mit Kindern backt, bevorzugt oft Plätzchen zum Ausstechen und verwendet dafür zahllose Formen, vom Engel über den Stern hin zum Tannenbaum. Hauptsache, es ist ein weihnachtliches Motiv.

Das richtige Timing fürs Backen zu finden, gelingt übrigens selten – und damit sind nicht die oft nur wenigen Minuten gemeint, nach denen Plätzchen bereits wieder aus dem Ofen müssen, bevor sie steinhart sind. Nein, viele Bäcker beginnen entweder zu früh im Jahr mit dem Plätzchenbacken – dann sind die Leckereien schon wieder weggenascht, bevor der Advent so richtig in Fahrt kommt. Oder sie wollen zumindest noch last minute ein paar Vanillekipferl und Zimtsterne für die weihnachtliche Kaffeetafel zaubern und geraten darüber in Stress, weil das Fest ja auch in anderen Disziplinen vorbereitet sein will. Gut ist daher, sich rechtzeitig – aber nicht zu früh – um die weihnachtlichen Naschereien zu kümmern.

Ein beliebter Stichtag, ab dem losgebacken werden darf, stellt für viele der Totensonntag dar – der Sonntag vor dem ersten Advent. Wer jetzt startet, stellt sicher, dass es am ersten Adventswochenende einen Plätzchenteller zum Nachmittagscappuccino gibt. Die Zutaten für die Weihnachtsbäckerei bietet dann mit Sicherheit der Supermarkt an, von Backoblaten über fein gemahlene Nüsse hin zu Aromen wie Bittermandel, Rum und Orange.

Dass überhaupt in der Weihnachtszeit gebacken wird – das liegt vermutlich an den mittelalterlichen Backtraditionen in den Klöstern: Dort wurde der Geburt Christi auch durch die Herstellung aufwendiger Gebäckteilchen gedacht.

11 WÜNSCH MIR WAS

EIN BRIEF NACH HIMMEL-PFORTEN

»Liebes Kriskind,

ich wünche mir 1 Barbiehaus, 1 Eszimmer von Plämobil, Härri Poter Buch, 1 Roler, 1 Skätbort und 1 Katse. Wenn du Weinachten zu uns komst, feiern wir zusamen deinen Geburtstag.

Daine Sophie, 7 Jahre«

Zum Text hat Sophie einen Weihnachtsbaum gemalt, unter dem ungefähr 20 Geschenke liegen. Auf beinahe jedes davon hat sie in kleinen Buchstaben »Sophie« geschrieben, nur auf zweien steht der Name ihres Bruders. Die Eltern gehen komplett leer aus. Annette zeigt Gurian den Brief.

»Es ist ihr Wunschzettel«, erklärt sie. »Immer im Advent schreiben die Kinder auf, welche Geschenke ihnen das Christkind oder der Weihnachtsmann an Weihnachten bringen soll.«

Gurian muss lachen. »Ganz schön materialistisch«, sagt er. »Ob das Christkind bei den vielen Rechtschreibfehlern überhaupt einen einzigen Wunsch erfüllen wird?«

»Ach komm, Sophie ist erst in der ersten Klasse«, sagt Annette. »Sie schreibt, wie sie es hört. Die meisten können das noch gar nicht. Ich finde es süß.«

»Findest du auch süß, dass sie sich nur so Zeug wünscht? Wie wäre es mit Brot für alle Menschen, mit dem Weltfrieden oder zumindest dem Hausfrieden?«, fragt Gurian.

»Ach, das ist doch normal, dass sich Kinder vor allem das wünschen, was man mit Geld kaufen kann. Ich tüte den Brief mal ein, dann könnt ihr ihn morgen auf dem Weg zur Schule einwerfen.«

»An das Christkind, 21709 Himmelpforten«, liest Gurian auf dem Umschlag, den Annette ihm reicht. »Willst du sie völlig veräppeln?«

»Der Brief wird sein Ziel erreichen, das wirst du schon sehen«, sagt Annette. »Und sie wird auch eine Antwort bekommen.«

Am nächsten Morgen bringt Gurian Sophie zur Schule. »Denkst du, du bekommst alles, was du dir wünschst?«, fragt er an der Post.

Sophie strahlt. »Vielleicht schon. Ich hab mich jedenfalls sehr viel Mühe mit dem Brief gegeben. Ich hab ja sogar gemalt!«

»Willst du diesen schönen Brief echt wegwerfen?«, fragt Gurian.

»Wieso wegwerfen?«, entgegnet Sophie.

»Na ja, denkst du ernsthaft, dass du deinen Brief zur Himmelspforte schicken kannst?«

»Aber sicher! Letztes Jahr hab ich sogar eine Antwort darauf bekommen«, sagt Sophie.

»Aha, direkt aus dem Himmel«, sagt Gurian. »Dann wird es ja bestimmt auch möglich sein, dass du mir einen Brief in die Zukunft schreibst, oder?«

»Gurian, das wird leider nicht klappen«, sagt Sophie. »Du kennst dich mal wieder überhaupt nicht aus.« Dann lacht sie.

WEIHNACHTEN ZUM ABLECKEN

Die Briefmarken zum Fest

Seit 1969 brachte die Deutsche Bundespost jährlich zum Fest Sondermarken mit weihnachtlichen Motiven heraus, die sie mit einem Zuschlag für wohltätige Zwecke verkaufte. Der schönen Tradition wegen wurden und werden auch nach der Privatisierung der Post jedes Jahr Sondermarken zum Fest der Liebe produziert.

O du Peinliche

Himmelpforten, Himmelpfort, Himmelstadt, Himmelsberg, Engelskirchen: In Deutschland gibt es einige Städte mit himmlischen Namen. In der Vorweihnachtszeit werden die Adressen der Postfilialen dieser Himmelsstädte zu den Adressen von Christkind und Weihnachtsmann. Freiwillige Helfer beantworten dann Zigtausende Briefe und Wunschzettel von Kindern, stecken sie in Umschläge und versehen diese mit Briefmarken und Sonderstempeln. Wenig später halten Kinder eine Antwort von Christkind oder Weihnachtsmann in Händen. Eine charmante Tradition ist das, die dafür sorgt, dass Eltern die Wunschzettel nicht heimlich verschwinden lassen müssen, sondern tatsächlich vom Christkind beantworten lassen können.

Wunschzettel gibt es übrigens schon wesentlich länger als Engelskirchener und Himmelpfortener Postfilialen. Bereits seit Hunderten von Jahren setzten sich Kinder um Weihnachten und Neujahr herum auf den Hosenboden und schreiben Briefe. Belegt ist es seit dem 17. Jahrhundert. Zunächst waren es damals Neujahrswünsche, die Kinder der Mittel- und Oberschicht an ihre Eltern formulierten, später gab es die Briefe auch zum Nikolaustag und zum Weihnachtsfest.

Es waren keine Wunschzettel im heutigen Sinne, die die Kinder von damals schrieben: Die Wünsche, die in den Weihnachtsbriefen formuliert waren, waren Segenswünsche an die Eltern, verbunden mit Dank für die hervorragende Erziehung, die die Kinder genossen hatten. Die Briefe waren sehr überschwänglich, wie die Tageszeitung *Welt* berichtet: »Vater! Mit Entzücken nenn' ich diesen Namen«, brachte etwa 1782 der Hamburger Johann Hieronymus Jantzen in Schönschrift zu Papier. Und ein anderer Junge schrieb 1830: »Wer hat die theuren Eltern mir gegeben; Die mich so treu geschützt, gepflegt, genährt.« »Lob durchdringt jetzt meine Glieder«, hieß es von einem Kind in seinem Brief an die »werthgeschätzten Aeltern«, denen es

1809 für das neue Jahr Gottes Segen, Frieden und Lebenskräfte wünschte. Oft bestanden die Briefe auch aus sorgfältig abgeschriebenen Gedichten.

In Schönschrift zeigten die Kinder auf weihnachtlich bedruckten, edlen Schmuckbögen, welch Fortschritte sie bei ihren Schönschreibübungen gemacht hatten. Ab den 1930er Jahren jedoch kamen diese kleinen Kunstwerke allmählich aus der Mode.

Mitte des 19. Jahrhunderts sind parallel dazu die ersten Wunschzettel aufgetaucht, wie wir sie heute kennen. Sie verdeutlichen, dass sich das früher überwiegend kirchliche Weihnachtsritual mehr und mehr in ein weltliches Geschenkefest verwandelte. Statt mit Jesus in der Krippe waren die Weihnachtsbriefe immer häufiger mit Familien unterm Weihnachtsbaum illustriert, die sich an ihren Geschenken freuen.

Viele Spielwarenhändler haben die Gunst der Stunde genutzt und Ende des 19. Jahrhunderts damit begonnen, Blätter und sogar Kataloge mit Bildern aus ihrem Sortiment zu drucken, auf denen die Kinder ihre Wunschprodukte ankreuzen konnten. Es versteht sich von selbst, dass darauf kein Platz mehr für Lobhudeleien den Eltern gegenüber war. Die Wunschzetteltradition, wie wir sie heute kennen, wurde damals geboren.

FROMME WÜNSCHE

Papst Benedikts Brief ans Christkind

Man hätte ahnen können, was aus dem sieben-
jährigen Joseph Ratzinger mal werden würde –
zumindest wenn man seinen Brief ans Christkind
aus dem Jahr 1934 kannte: Denn außergewöhn-
lich fromm waren seine Wünsche, die er damals
formuliert hatte. Der spätere Papst Benedikt XVI.
schrieb: »Liebes Christkind! Du schwebst bald auf
die Erde hernieder. Du willst den Kindern Freude
bereiten. Auch mir willst Du Freude bereiten. Ich
wünsche mir den Volks-Schott, ein grünes Meß-
kleid und ein Herz Jesu. Ich will immer brav sein.
Schönen Gruß von Joseph Ratzinger.«

(Anmerkung: Der Volks-Schott ist ein Messbuch
für Sonn- und Feiertage, ein Herz Jesu eine Je-
sus-Darstellung mit einem auffallenden Herzen
an der Brust des Messias.)

12 STIMMUNGS-FANG AUF DEM WEIH-NACHTS-MARKT

SHOPPINGTRIP ZU SCHITTCHEN UND STOLLEN

Als Annette, ihre Freundin Katharina und Gurian nach der zweistündigen Busfahrt in Erfurt ankommen, ist Gurian euphorisch: Die kleinen Gässchen, die von prächtigen Patrizier- und liebevoll rekonstruierten Fachwerkhäusern gesäumt und mit weihnachtlichem Schmuck und Lichterketten verziert sind, ziehen ihn sofort in den Bann. Nie hätte er gedacht, dass die thüringische Landeshauptstadt so wunderschön ist – ob sie das gut 200 Jahre später auch noch sein wird? Er wird das bald herausfinden. Als sie den Weihnachtsmarkt am Domplatz erreichen, ist er endgültig hin und weg. Diese Kulisse, in der der Weihnachtsmarkt angesiedelt ist, ist zauberhaft.

Unten am Platz breitet sich der Markt aus, am Rande der Domstufen, die hoch zum prächtigen Ensemble aus Severikirche und Dom führen. Mitten auf der imposanten Treppe befindet sich ein sicherlich fünf Meter hoher Adventskranz, der einen Durchmesser von mehreren Metern haben dürfte.

Die gegenüberliegende Seite des Domplatzes ist von historischen Fachwerkhäusern umgeben. Gurian reibt sich die Augen, er kann sich keinen besseren Ort für einen Weihnachtsmarkt vorstellen. Kein Wunder, dass dieser einer der schönsten Deutschlands sein soll!

Und was der Markt alles zu bieten hat! Jetzt weiß Gurian, warum es Annette so wichtig ist, jedes Jahr hierher zu fahren, um sich auf das Fest einzustimmen. Ihr gelinge das in dieser wunderbaren Atmosphäre besser als im Alltag daheim, hat sie gesagt. Denn wenn sie an den Buden hier vorbeischlendere, Punsch und Plätzchen koste und einem Kinderchor zuhöre, wie er *Süßer die Glocken nie klingen* und *Leise rieselt der Schnee* singe, dann könne Weihnachten kommen.

»Die Kinder hätten hier auch Spaß«, sagt Annette. »So familienfreundlich wie in Erfurt ist es nicht auf jedem Weihnachtsmarkt.« Hier gibt es einen Märchenwald, verschiedene Karussells, darunter sehr nostalgische – und nichts geht (buchstäblich) über das Riesenrad, von dem aus die Menschen einen atemberaubenden Ausblick auf das adventliche Markttreiben haben.

Gurian lädt die Damen zu einer Fahrt ein, und sie staunen auch von oben über die 20 Meter hohe, festlich geschmückte Weihnachtstanne im Zentrum des Domplatzes, die Weihnachtskrippe mit ihren beinahe lebensgroßen Holzfiguren und die zwölf Meter hohe erzgebirgische Weihnachtspyramide.

Danach schlägt Annette vor, dass jeder für sich über den Markt bummelt und seine Besorgungen macht. Es ist Gurian recht, in seinem Tempo weiterzuschlendern. Er kauft Lebkuchenherzen für die Kinder und Honigwein mit thüringischem Honig für Jürgen.

Als es dunkler wird, wird es noch wundervoller auf dem Markt. Gurian holt sich eine Tasse mit Glühwein, um sich die Hände zu wärmen, und bewundert das Riesenrad, das jetzt mit neonfarbener Beleuchtung einen faszinierenden Kontrast zum nostalgischen Weihnachtsmarkt-Kirchen-Ensemble dieses Ortes bildet. Es ist so, so schön. Gurian ist euphorisch. Wenn sich Weihnachten so anfühlt wie Erfurt, dann wird es großartig.

Er will noch einen Stollen kaufen, einen Dresdner Stollen, wie die Familie ihn nennt. Ihm selbst ist dieses Gebäck zwar zu trocken, aber die Hollerbachs lieben es – und er hat vorhin schon gesehen, dass es hier auf dem Markt viel davon gibt. An einer Bude deutet er mit dem Finger auf die Gebäcklaiber, die mit Puderzucker bestäubt sind und dadurch fast wie schneebedeckte Miniaturlandschaften aussehen.

»Einen Dresdner Stollen, bitte«, sagt er.

Er blickt die Verkäuferin an und wartet, dass sie einen für ihn einpackt. Stattdessen aber sagt sie: »Ein Schittchen können Sie haben. Wenn Sie Stollen mögen, müssen Sie nach Sachsen weiterfahren oder sonst wohin.«

Verwirrt blickt Gurian auf die Puderzuckerberge in der Auslage.

»Ja, ich mag Stollen«, sagt er. »Aber wenn Sie ihn mir nicht verkaufen wollen, kann ich wohl nichts machen.«

Beleidigt zieht er ab.

O du Peinliche

Das kann Gurian nicht wissen, doch: Wer in Erfurt das berühmte Gebäck aus Dresden verlangt, braucht sich nicht zu wundern, mehr oder weniger gut gelaunt darauf hingewiesen zu werden, dass es hier Schittchen statt Stollen gibt. Schittchen gehören für die Erfurter zur Weihnachtszeit wie die Wartburg zu Eisenach und die Semperoper zu, äh, Dresden. Schittchen sind zwar auch Stollen – aber ganz gewiss keine Dresdner, und genannt werden sie in Erfurt auch nicht so. Denn: Der Dresdner Christstollen darf einzig und allein in Dresden und einem eng darum gezogenen Kreis gebacken werden. Das ist den Erfurtern egal, denn sie haben mit den Schittchen ohnehin das ihrer Meinung weltbeste Weihnachtsgebäck in der Stadt, daher müssen sie auch keine Leckereien aus Sachsen beziehen.

Anderswo heißen Stollen übrigens wieder anders: In der Mitte Thüringens ist »Scheitchen« zu hören, rund um Jena »Weck« und in Suhl »Chrisamel«. 20 Bezeichnungen soll es allein in Thüringen für das weihnachtliche Gebäck geben. Unabhängig von der Begrifflichkeit handelt es sich in jedem Fall um einen gehaltvollen brotlaibförmigen Kuchen aus buttrigem Hefeteig, der häufig mit Rosinen gespickt ist und je nach Region und Rezept auch Füllungen und Zutaten wie Marzipan oder Mohn enthält. Eine dicke Schicht Puderzucker oder Zuckerguss umhüllt ihn. Das Schittchen hat seinen Namen wohl aufgrund der Form – denn ein »Scheitchen« ist ein kleines Holzscheit. Auf dem Erfurter Weihnachtsmarkt sind die Köstlichkeiten nur »echt mit dem grünen Siegel«.

Eine gute Unterlage sind die Gebäckstücke allemal, gerade wenn auf dem Weihnachtsmarkt noch Glühwein, gerne mit Extraschuss Schnaps, Feuerzangenbowle oder ein Trendgetränk wie heißer Caipirinha ausgeschenkt werden. Allerdings: Das Schlückchen Hochprozentiges, das vielen die Seele wärmt, ist oft auf dem Prüfstand. Statt Besinnung war auf diversen Weihnachtsmärkten der Republik häufig Trinken bis zur Besinnungslosigkeit angesagt, weshalb erste Städte starken Alkohol verboten haben, etwa Ulm oder Wolfratshausen.

Übrigens: So wenig wie Stollen überall Stollen heißt, so wenig heißt der Weihnachtsmarkt überall Weihnachtsmarkt. Je nach örtlicher Tradition gibt es Adventsmärkte, Christkindlesmärkte oder anderes. Dazu werden regionale Namenszusätze gepackt, und so kommt es etwa zum Dresdner Striezelmarkt, dem Neubrandenburger Weberglockenmarkt oder dem Sühler Chrisamelmart (sic!).

DER NÜRNBERGER CHRISTKINDLES-MARKT

Manche von ihnen öffnen nur für wenige Stunden im Advent oder nur für ein Wochenende – und andere sind die gesamte Vorweihnachtszeit hindurch und teilweise auch noch bis Silvester oder bis Heiligdreikönig für ihre Besucher da. Manche finden versteckt auf einem Bauernhof mitten auf dem Land statt, andere im Zentrum von Großstädten. Es gibt in Deutschland und anderen Ländern verschiedenste Formen von Weihnachtsmärkten, es gibt sie als Mittelaltermarkt, als maritimen Hafen-Weihnachtsmarkt, als Märchenmarkt oder als Volksfest mit diversen Fahrgeschäften im Weihnachtsmarktkostüm. Allesamt haben sie eine lange Tradition: Im 14. Jahrhundert begannen Korbflechter, Spielzeughersteller und Bäcker damit, in der Vorweihnachtszeit ihre Erzeugnisse auf einem Markt gezielt fürs Fest anzubieten. Jahr für Jahr verbreitete sich diese Tradition weiter.

Der berühmteste Weihnachtsmarkt Deutschlands ist der Nürnberger Christkindlesmarkt. Er besteht seit dem 17. Jahrhundert. Seit 1933 wird er von einem Christkind eröffnet, das bis 1968 jeweils von einer professionellen Schauspielerin verkörpert wurde. Seit 1969 wählen die Nürnberger immer wieder ein Christkind, das aus Nürnberg kommen, zwischen 16 und 19 Jahre alt und mindestens 1,60 Meter groß sein muss. Das Christkind bleibt zwei Jahre im Amt. Der Markt beginnt, wenn es im goldenen Gewand und mit goldener Krone im blond gelockten Haar auf die Empore der Frauenkirche tritt. Dort zitiert es einen Prolog, den der Theaterdramaturg Friedrich Bröger im Jahr 1948 geschrieben hat. Alle Besucher heißt das Mädchen dann im »Städtlein aus Holz und Tuch« willkommen, das sich zwei Millionen Besucher pro Jahr ansehen.

13 VON WICHTELN UND RÄUBERN

DAS WEIHNACHTLICHE ÜBERRASCHUNGSEI

»Ich hab die Sekretärin bekommen.« Jürgen ist schon im Vorfeld genervt von der Weihnachtsfeier seiner Firma, auf der »gewichtelt« werden soll, wie er sagt. Wichtig für das Teambuilding sei das, habe sein Chef behauptet, also solle auch wirklich jeder mitmachen. Jeder musste für dieses Wichteln ein Los ziehen, auf dem der Name eines Kollegen stand. Dieser Kollege soll nun anonym beschenkt werden.

»Der Chef will doch nur wichteln, damit er nicht allen Kollegen Geschenke kaufen muss, sondern nur einem«, grummelt Jürgen. »Sehr nervig – ich kenne die Sekretärin doch nur vom Urlaubsantrag- und Krankmeldungabgeben. Genauso gut könnte ich dich, Gurian, zum Geschenkekaufen losschicken, um etwas für sie zu holen – ich kenne sie auch nicht besser als du.«

»Also«, sagt Gurian, »wenn es dir hilft, könnte ich wirklich was holen. Ich muss ohnehin ins Kaufhaus. Wenn du mir einen Tipp gibst ...?«

»Damit würdest du mir tatsächlich helfen, ich muss um 18 Uhr wieder los. Würdest du das schaffen?«, fragt Jürgen. »Ich habe keinen Tipp. Die grobe Vorgabe lautet: Das Geschenk soll maximal zehn Euro kosten, mehr wäre übertrieben und würde die, die sich an die Richtlinie halten, unter Druck setzen, sagt der Chef. Die Sekretärin ist eine eher schüchterne Frau mittleren Alters. Mehr weiß ich auch nicht. Hol irgendwas, womit jeder etwas anfangen könnte – Pralinen, Seife, Wein. Gut?«

Gurian übernimmt den Job. Eine alberne Art, anderen Geschenke zu machen, findet er. Um Jürgen zu necken, weil der das Geschenk nicht selbst besorgt hat, packt er es ein, bevor er es seinem Verwandten mit auf die Feier gibt – ohne zu verraten, was es ist.

»Dann ist es auch eine Wichtelüberraschung für dich«, sagt Gurian und grinst frech.

»Hey, ich kann doch keine Katze im Sack verschenken!«, protestiert Jürgen.

»Ich dachte, der Schenkende bleibt anonym«, sagt Gurian.

»Ja, aber ...«

»Ich verspreche dir auch: Es ist weder unanständig noch nutzlos. Eigentlich nichts Besonderes«, sagt Gurian.

»Na gut, ist ja auch egal«, sagt Jürgen und nimmt das vergleichsweise kleine, längliche Geschenk mit, auf das er noch flugs den Namen der Sekretärin schreibt.

Gleich beim Betreten der Firma liefert er die Wichtelüberraschung ab, sie kommt gemeinsam mit den anderen Geschenken in einen großen Sack, aus dem später Päckchen für Päckchen geholt und dem jeweiligen Kollegen überreicht wird.

In den Büros sieht es anders aus als tagsüber. Im Großraum ist das Licht gedimmt. Auf dem Konferenztisch stehen Teller mit Plätzchen, Teller mit belegten Brötchen, Thermoskannen voller Glühwein, außerdem gibt es Bier und nichtalkoholische Getränke. Die Kollegen sitzen auf Schreibtischen, sind entspannt und plaudern fröhlich miteinander.

Als die Wichtelrunde eröffnet wird, sind alle neugierig. Der Chef zieht Geschenk für Geschenk aus dem Sack und gibt es jeweils dem Kollegen, für den es bestimmt ist. Jürgen findet, der Chef tut so, als hätte er jede einzelne Überraschung selbst besorgt.

»Jürgen Hollerbach«, sagt der Chef.

Jürgen nimmt sein Geschenk in Empfang und packt es aus. Herrliche Nougatpralinen sind drin. »Danke dem edlen Spender«, sagt er und freut sich aufrichtig über die Leckerei.

Wenig später ist die Sekretärin dran. Jürgen ist gespannt, was Gurian, der Geheimniskrämer, gekauft hat.

Sie packt aus. Es ist ein Kugelschreiber. Oh Mann. Sie sieht ihn etwas ratlos an, sagt aber: »Danke.«

Jürgen schämt sich. Jemandem, der beruflich Schubladen voller Büromaterialien verwaltet, einen Stift zu reichen, ist ungut. Das ist, als würde man der Bäckereiverkäuferin ein Brötchen schenken oder einem Pfarrer eine Flasche mit Weihwasser. Noch dazu sieht der Kugelschreiber so aus, als hätte er keine zwei Euro gekostet. Oh weh, das ist schändlich. Der Chef hat auch im Vorfeld gesagt: »Herr Hollerbach, die Weihnachtsfeier muss nicht

Ihnen als Führungskraft gefallen. Es ist ein Fest, das vor allem auch für Sekretärinnen und Reinigungsfachkräfte gedacht ist – für die Menschen, die eher selten zu irgendwelchen Events eingeladen sind.«

Jürgen nimmt sich vor, seine köstlichen Pralinen später unter einem Vorwand an die Sekretärin weiterzugeben. Vielleicht fühlt sie sich dann ein wenig entschädigt.

O du Peinliche

Ein Wichtel ist eine Fantasiegestalt aus der nordischen Sagenwelt, die heimlich Gutes tut. Das Wichteln in der Vorweihnachtszeit ist denn idealerweise auch eine gute Tat am Kollegen oder am Freund. Es findet in der Regel innerhalb einer festgelegten Gruppe statt, etwa am Arbeitsplatz, in einer Schulklasse, im Verein – oder innerhalb einer Online-Community; im letzten Fall schicken sich die Mitglieder die Wichtelgeschenke häufig per Post. Es gibt verschiedene Versionen. Oft läuft es wie in Jürgens Arbeit ab: Die, die beim Wichteln mitmachen, ziehen den Namen eines anderen Teilnehmers. Diesem besorgen sie ein Geschenk, das – oft anonym – überreicht wird. In einer anderen Variante steht zunächst nicht fest, wer das gekaufte Geschenk bekommt. Jeder Teilnehmer besorgt im

Vorfeld eines, während der »Bescherung« geht es via Los an einen anderen.

WITZIG WICHTELN

Wie es noch lustiger wird

Das Wichteln ist für viele ohnehin ein großer Spaß. Noch lustiger wird es, wenn eine der folgenden beiden Varianten gespielt wird:

- **Schrottwichteln:** Hier darf verschenkt werden, was augenscheinlich vollkommen unnütz oder geschmacklos ist. Es geht dabei um den Spaß, nicht um den Wert des Geschenks. Idealerweise hat der verschenkte Schrott sogar etwas mit der beschenkten Person zu tun: Der IT-Programmierer könnte eine Hörspielkassette aus den 80er Jahren bekommen, der Tierhaar-Allergiker eine Keramikkatze zum Hinstellen, der Schatzmeister des Vereins eine Sparsocke.

- **Räuberwichteln:** Alle Geschenke werden in die Mitte eines Raums gelegt. Reihum wählt sich jeder der Teilnehmer aus, was er haben möchte. Der nächste, der dran ist, darf sich entweder ein neues Geschenk aus der Mitte suchen – oder einem seiner Vorgänger das bereits gewählte Geschenk klauen. Das Spiel endet, wenn jeder einen Gegenstand besitzt, den er gerne behalten will – also theoretisch nie.

Die oberste Wichtelregel ist bei den meisten Varianten des Spiels, einen preislichen Rahmen festzulegen. Ist der Wert eines Geschenkes zu niedrig, kann es bei der Bescherung zu enttäuschten Gesichtern kommen. Ein Geschenk, das zu teuer ausfällt, ist ein geringerer Fauxpas, muss aber auch nicht sein, um Ungleichheit zu vermeiden.

Dass beim Wichteln oft Personen zugelost werden, die man nicht so gut kennt, ist gewollt und gewünscht: Das Spannende ist ja, dass sich die Mitspieler Gedanken über jemanden machen, mit dem sie bislang wenig zu tun hatten. Ideal ist, sich in diesem Fall über den anderen zu erkundigen, um ihm ein schönes Geschenk zu machen. Der Schenkende bleibt in der Regel anonym, es kann aber auch sein, dass bei der Bescherung über ihn gerätselt wird und Auflösung gefordert ist. Jürgen hatte Glück, dass es in seiner Firma nicht zum Outing gekommen ist.

Klar ist es nicht immer einfach, dem stillen Kollegen das passende Geschenk zu kaufen. No-Gos sollten dennoch vermieden werden: Dem dicken Kollegen sollte kaum ein Diät-Kochbuch überreicht werden, das würde ihn zum Gespött machen. Der Sekretärin einen Stift zu schenken, stellt für sie ebenfalls keinen Grund dar, vor Freude zu jauchzen. Allerdings darf ein Wichtelgeschenk auch witzig sein: Wenn es einen Kollegen gibt, der etwa bekannt dafür ist, sich immer von anderen eine Schere zu leihen – dann kann es spaßig sein, ihm eine eigene zu schenken, idealerweise eine wirklich schöne.

WICHTELTRADITION IN DÄNEMARK

Kein Jul ohne Nisse

In Dänemark und Skandinavien spielen Weihnachtswichtel eine große Rolle und sind in der Adventszeit überall als Figuren zu finden. Den Weihnachtswichtel, der wie ein kleiner alter Mann mit langem weißem Bart aussieht, nennt man in Dänemark Nisse, zur Weihnachtszeit auch Julenisse, also Weihnachtsnisse. Es heißt, dass er auf dem Dachboden und in Ställen lebt, allein oder mit seiner Familie. Er beschützt das Haus inklusive seiner Bewohner und hilft, wo er nur kann. Sogar dem Weihnachtsmann soll er zur Hand gehen! Damit der gute Geist dem Haushalt gewogen bleibt, ist es Brauch, ihm im Advent eine große Schüssel mit Milchreis zu servieren – und das entweder auf dem Dachboden oder vor einer sogenannten »Wichteltür« (Nissedør). Eine solche steht in der Weihnachtszeit als Deko unten am Boden an einer Wand, und das immer öfter auch in Norddeutschland. Durch die Tür spaziert der

Wichtel unbemerkt in die Wohnräume und tut Gutes, spielt aber auch mal Streiche. Der Begriff »Nisse« stammt übrigens vom Namen Nils ab, der dänischen Form von Nikolaus.

14 ANSTÄNDIG FEIERN IM ADVENT

KEIN *DIRTY DANCING* AUF DER FIRMENFEIER

»Frau Frühwald, darf ich heimlich mein Wichtelgeschenk an Sie abtreten?« Jürgen hat die Sekretärin abgepasst, er stellt sein Bier zur Seite und zieht die Pralinenschachtel hervor. »Wissen Sie, ich liebe Pralinen, aber ich sollte sie nicht essen.« Er klopft auf seinen Bauch. »Ich muss ein bisschen auf mein Gewicht achten. Sie würden mir einen Gefallen tun, wenn Sie sie nehmen.«

»Wenn das so ist ... Gern, Herr Hollerbach«, sagt die Sekretärin. »Ich liebe Nougat! Das freut mich jetzt. Ich war ja mit meinem Wichtelgeschenk auch nicht so zufrieden ... Aber das ist immer Glückssache.«

»Ja, beim Wichteln kommt meistens ziemlicher Quatsch heraus – oder eine Kalorienbombe«, sagt Jürgen und ist froh, dass ihn Frau Frühwald offenbar nicht verdächtigt, sich den Kugelschreiber als Geschenk ausgedacht zu haben.

»Darf ich Ihnen zum Dank eine Tasse Punsch einschenken?«, fragt sie und deutet auf die Thermoskanne und die Tassen, die vor ihnen auf einem Schreibtisch stehen.

»Gern«, sagt er, obwohl er sich lieber weiter ans Bier gehalten hätte. Süßer Glühwein klebt ihm gefühlt immer den Magen zusammen.

Als er mit Frau Frühwald anstößt und einen Schluck trinkt, schmeckt ihm der Punsch aber gar nicht schlecht.

»Ich bin übrigens Jürgen«, sagt er und bereut eine Sekunde später, der Sekretärin das Du angeboten zu haben. Eigentlich ist er nämlich überzeugt davon, dass das Sie eine gesunde Distanz zwischen Kollegen schafft, gerade auf verschiedenen Hierarchieebenen.

Sie lächelt. »Julia«, sagt sie. »Freut mich.«

Dann stoßen sie nochmals an, und Jürgen leert seine Tasse.

Wenig später schafft er es, sich von »Julia« loszueisen. Er geht zu Norbert, dem Abteilungsleiter der IT, von dem er weiß, dass er lieber zu Hause den dritten Teil von *Haus des Geldes* schauen würde, statt hier mit Kollegen herumzuhängen. Wenig später stößt auch der Chef zu ihnen, mit einem Tablett voller Schnapsgläser. Er drückt Jürgen eins in die Hand, der das Gefühl hat, nicht ablehnen zu können. Norbert, der gleich »Nein, danke« sagt, kommt daher wie ein Spielverderber.

»Kollegen, auf euch!«, sagt der Chef und prostet Jürgen zu. Als er den Schnaps in einem Zug hinunterkippt, merkt er, dass er beschwipst ist. Offenbar geht es aber auch anderen Kollegen so, denkt er, als er sieht, wie sie zu *Hallihallo* von Alpen-Rocker Andreas Gabalier zucken. Was für ein unpassender Song für eine Weihnachtsfeier – wir sind doch nicht auf der Münchner Wiesn, denkt Jürgen.

Offenbar ist jetzt auch die Musik lauter als zuvor, es wird mühseliger, sich zu unterhalten. Ein paar Kollegen schieben die Schreibtische von der Mitte des Raums zur Wand, um eine Tanzfläche zu schaffen. Jürgen entdeckt seine neue Duzfreundin Julia unter den Tanzenden. Sie hat ihren Blazer abgelegt, verrenkt sich seiner Ansicht nach ziemlich abenteuerlich – und Jürgen sieht ihren dunklen BH deutlich unter der hellen Bluse hervorschimmern.

»O nein. Den Büstenhalter der Vorzimmerdame will eigentlich niemand sehen«, sagt er zu Norbert und wird dann anzüglich: »Na, oder vielleicht doch.«

»Lass sie doch einfach«, sagt Norbert, der noch einen Schluck von seinem Mineralwasser nimmt.

»Was für eine Spaßbremse!«, denkt Jürgen.

Er greift wieder zum Bier. Süßes Zeug und harte Alkoholika, das ist alles nichts für ihn, da bevorzugt er den Hopfensaft. Doch offenbar tut ihm jener auch nicht mehr gut, denn plötzlich verkrampft sich Jürgens Magen.

Schnell geht er zur Toilette, sperrt sich in eine Kabine ein und muss sich sogleich schwallartig übergeben. Dieser viele Alkohol – oh Mann, wie konnte er sich nur so gehen lassen?

Als er die Kabine verlässt, steht sein Chef am Waschtisch und mustert ihn. Auch das noch.

»Alles gut?«, fragt der Vorgesetzte mit besorgter Miene. »Hätte ich Ihnen den Schnaps doch lieber vorenthalten sollen?«

»Alles gut«, sagt Jürgen und bemüht sich, laut und deutlich zu sprechen. Er merkt aber selbst, dass er lallt, als er noch »Ein schönes Fest ist das!« sagt.

Dann geht er raus aus den Toilettenräumen, versucht, beim Gehen nicht zu stolpern, schnappt sich seine Jacke von der Garderobe und verlässt die Firma, ohne sich von irgendjemandem zu verabschieden.

O du Peinliche

Wenn auf der Firmenweihnachtsfeier der Wein warm ist und das kühle Bier nicht zu versiegen scheint, sollte Mineralwasser umgehend zum bevorzugten Drink werden, denn: Sich im Kreise der Kollegen zu blamieren ist peinlicher als anderswo – und im schlimmeren Fall sogar karrierehinderlich. Es empfiehlt sich dringend, bei klarem Verstand zu bleiben, wenn die Sekretärin oder der Chef oder gar alle Kollegen im Raum sind. Mit gelöster Zunge über einen von ihnen oder das Unternehmen herzuziehen, auf der Tanzfläche einen Lambada hinzulegen, allzu Privates auszuplaudern oder in die Firmentoilette zu kübeln – das alles ist mit sehr viel Abstand betrachtet vielleicht lustig, als beförderungswürdig outet man sich mit solchen Showeinlagen jedoch nicht. Wer dem Chef einen Korb gibt, wenn es um Ramazzotti und Jägermeister geht, wahrt das Gesicht eher, als wenn das Schnapseln nicht vertragen wird.

Besser fürs Image ist auch, auf der Weihnachtsfeier korrekt angezogen zu sein. Wer unsicher ist, ob der Dresscode eher lässig ist oder ob das Fest dafür geeignet ist, seine elegante Abendgarderobe auszuführen, sollte die Kollegen vorab um Rat bitten. Louboutin-High Heels oder ein Minirock mögen im Nachtclub Eindruck schinden – eine Weihnachtsfeier des Arbeitgebers ist jedoch immer noch eine Veranstaltung im beruflichen Kontext und kein privater Discoabend. Wenn sich der schwarze Spitzen-BH der Sekretärin nicht bildhaft in den Köpfen der Kollegen festsetzen soll, sollte die Angestellte als Bluse darüber eher das dunklere Modell aus dem Kleiderschrank holen: Auf Firmenfeiern gilt anders als sonst im Leben, besser keinen bleibenden Eindruck zu hinterlassen.

Wenn Frau Frühwald übrigens bemerkt hat, dass ihr Jürgen nur aufgrund seiner bierseligen Laune das Du angeboten hat, sollte sie vorsichtshalber am nächsten Arbeitstag zum Sie zurückkehren. Will Jürgen indes beim Du bleiben, kann er dann immer noch: »Wir waren doch beim Du!« sagen. Dann gerät niemand in eine unangenehme Situation.

Übrigens: Sich am Tag nach der alkoholisierten Weihnachtsfeier krankzumelden kommt gar nicht gut an. Professionell ist, wer dennoch erscheint, pünktlich, im Zweifel mit einer Kopfschmerztablette intus. Es gilt, sich den Arbeitstag hindurch anzustrengen und sich nicht auf dem Restalkohol im Blut auszuruhen. Falls dem Angestellten öffentliche Fehltritte vom Abend zuvor bewusst sind, sollte er das Vier-Augen-Gespräch mit dem Chef suchen, sich entschuldigen und versichern, dass das nicht mehr vorkommt.

DAS ARBEITSRECHT ZUM FEST

Wenn der Chef mitfeiert

Keine Lust, auf die betriebliche Weihnachtsfeier zu gehen und mit den Kollegen Glühwein zu trinken? Dann gibt es eine gute Nachricht: Die Weihnachtsfeier der Firma ist aus Sicht des Gesetzgebers keine Pflichtveranstaltung. Findet sie außerhalb der Arbeitszeit statt, muss niemand hingehen, der lieber daheim auf dem Sofa liegt und Netflix schaut. Auch wenn die Feier während der üblichen Arbeitszeit steigt, gibt es keine Anwesenheitspflicht auf dem Fest, denn es gehört in der Regel nicht zu den vertraglichen Leistungspflichten eines Mitarbeiters, sich mit den Kollegen zu amüsieren. Wer nicht feiern geht, muss jedoch arbeiten, sofern das Fest während der Dienstzeit stattfindet – oder einen Urlaubstag nehmen. Vermutlich ist es diesen Aufwand in der Regel nicht wert – netter fürs Betriebsklima wäre es wohl, die

Zähne zusammenzubeißen und zur Feier zu gehen. Nach einer Stunde kann man sich bestimmt unauffällig aus dem Staub machen. Übrigens: Für den Chef gibt es keine Pflicht, zur Feier einzuladen. Wenn der Arbeitgeber kein Fest ausrichten möchte, muss er es nicht tun. Und: Mitarbeiter, die einer anderen Religion als dem Christentum angehören, haben keinen Anspruch darauf, dass ein in ihrer Religion wichtiges Fest analog zur Weihnachtsfeier steigt. Es stellt keine Diskriminierung dar, wenn der Chef eine Weihnachtsfeier, aber kein Fest anlässlich des jüdischen Chanukka veranstaltet.

15 A TÄNNSCHEN, PLEASE!

WIE DIE AXT IM WALD

Eingepackt in Winterjacken, mit Mützen, die sie tief ins Gesicht gezogen haben, mit Schals und in dicken Stiefeln stapfen Jürgen und Gurian durch den Wald. In ihren Rucksäcken stecken eine Axt, eine Säge, ein Zollstock und ein Seil.

»Gut, dass uns niemand aufgehalten hat«, sagt Jürgen. »Man muss ja Angst vor uns haben!«

»Ich finde es in der Tat gruselig, dass ihr solche Waffen im Keller habt«, sagt Gurian. »Meine Vorfahren scheinen echt harte Kerle gewesen zu sein.« Dann grinst er.

Annette hat die beiden Männer losgeschickt. Gurian solle richtige Weihnachtsbräuche kennenlernen und daher gemeinsam mit Jürgen einen Baum fürs Fest schlagen. Wenn er in der Zukunft erzähle, dass sie – wie in den letzten Jahren – einen vom Baumarkt holen, sei die Geschichte nur halb so schön. Gurian musste sich das Lachen verkneifen. Sie würden jetzt nicht ernsthaft in den Wald gehen, einen Baum schlagen, um ihn sich ins Wohnzimmer zu stellen und mit Glaskugeln zu behängen – das war ein Scherz, oder? Doch Jürgen hat zugestimmt. In den vergangenen Jahren sei er zwar zu bequem für eine derartige Aktion gewesen – aber gespielt habe er schon lange mit dem Gedanken, einen Baum aus dem Wald zu holen.

»Ein bisschen fühle ich mich ja schon wie ein Jäger und Sammler hier draußen bei unserer Mission«, sagt er grinsend zu Gurian.

Der erwidert: »Stimmt. Und ich erlebe gerade eine Zeitreise mit ganz anderem Ausmaß als bisher gedacht. Es geht zurück in die Steinzeit!«

Wie ruhig es hier im Wald ist – das genießt er sehr. So eine Stille ist ihm unbekannt. Irgendwas ist in der Zukunft immer zu hören, mindestens ein leises Motorengeräusch, ein Surren, Roboterstimmen.

Plötzlich bleibt Jürgen stehen. »Der ist toll«, sagt er und deutet auf einen gleichmäßig gewachsenen

Nadelbaum. Er holt den Zollstock aus dem Rucksack und nimmt die Maße des Stammes. »Ups, der ist viel zu groß. Hier draußen wirken die Bäume wesentlich kleiner, als sie dann bei uns im Wohnzimmer aussehen würden. Der hier würde gar nicht reinpassen!«

Ein paar Meter weiter entdecken sie einen kleineren Baum, der ebenfalls schön gewachsen ist.

»Der wird auch Annette gefallen«, sagt Jürgen. »Sie mag es, wenn die Abstände zwischen den Ästen groß sind: Dann kommt der Weihnachtsschmuck besser zur Geltung. Gurian, ich glaube, der gehört uns!«

Jürgen packt den Baum und schüttelt ihn, um ihn von Laub, losen Nadeln und Schmutz zu befreien. Anschließend schlägt er den Stamm dicht über dem Boden mit ein paar Hieben durch, während Gurian den Baum weiter oben festhält. Beide Männer umwickeln ihre Beute schließlich mit dem mitgebrachten Seil und tragen sie zum Auto. Als sie gerade dabei sind, den Baum aufs Dach zu schnüren, kommt ein Mann in Jagdbekleidung auf sie zu.

»He, was fällt euch ein?«, fragt er wütend. »Ihr könnt hier nicht die Bäume rausstehlen. Ich zeige euch an!«

Gurian sieht, wie Jürgen blass im Gesicht wird.

»Stehlen? Aber ich dachte ...«, sagt der.

»Klar habt ihr gestohlen, was denkt ihr denn?«, antwortet der Förster.

»Das war uns wirklich nicht ...«, sagt Jürgen.

»Wo habt ihr den genau her?«, fragt der Förster, und Jürgen beschreibt ihm den Weg, den sie genommen hatten.

»Entschuldigung, das war unser erstes Mal – ich dachte, das sei Brauch ...«, sagt er.

»Klar ist es Brauch, einen Baum zu schlagen«, sagt der Förster. »Aber doch nicht einfach irgendeinen beliebigen! Da könnte ja jeder kommen. Und mal ehrlich: Fühlt es sich tatsächlich gut an, einen geklauten Baum im Wohnzimmer zu haben? Unter dem dann Geschenke im Wert von vielen Hundert Euro liegen?«

»Sie haben vollkommen recht«, sagt Jürgen reuig. »Ehrlich, das war dumm von uns. Wir haben nicht darüber nachgedacht, dass das nicht erlaubt ist.«

Der Förster glaubt ihm. »Ich will mal nicht so ein. Ihr habt Glück, ihr habt zufällig einen der Bäume aus dem Gebiet erwischt, in dem wir Überschuss haben. Gebt mir 20 Euro, dann ist die Sache erledigt.«

Zerknirscht holt Jürgen das Geld hervor.

»Ich wollte wirklich nicht ...«, setzt er noch mal an.

»Schon gut«, sagt der Förster. »Fragt einfach das nächste Mal vorher. Und schmückt den Baum wenigstens schön, damit er gut zur Geltung kommt.«

O du Peinliche

Einen bereits gefällten Weihnachtsbaum kaufen – das kann jeder. Der Erlebniswert, wenn man ihn etwa von einem Stand vor dem Baumarkt holt? Na ja, eher mittel. Die wildromantische Vorstellung davon, Hand anzulegen und den Baum selbst aus dem Wald zu holen, gefällt hingegen immer mehr Menschen. Sie begründen damit eine neue Familientradition oder nehmen sie wieder auf.

Eine andere neue Tradition wiederum wird durch den Weihnachtsbaumkauf per Mausklick begründet: Seit etwa Amazon oder der Weihnachtsbaumshop Tim Tanne ihren Kunden ermöglichen, den Baum online zu ordern, lassen ihn sich die weniger abenteuerlustigen Menschen bis zur Haustür liefern – und das zu einem Preis, der dem im Offline-Kauf entspricht. Viele persönliche Transportprobleme sind damit gelöst – und die Gefahr, beim wilden Baumfällen im Wald Äste oder gar den ganzen Baum auf den Kopf zu kriegen, ist auch gebannt. Unschön ist freilich auch, wenn nach einer illegalen Baumfällaktion Post von der Staatsanwaltschaft eintrudelt. Das passiert beim Online-Shopping nicht.

Selbst ernannte Holzfäller riskieren allerdings keinen Konflikt mit dem Gesetz, wenn sie vorab den Förster um Erlaubnis fragen. Es gibt auch sogenannte Tannenhöfe, Weihnachtsbaumplantagen oder Baumschulen, die ganz offiziell damit werben, dass bei ihnen Bäume geschlagen werden dürfen, begleitet von Glühweinausschank, Bratwurstständen und Aktionen für Kinder.

Dass zur Weihnachtszeit etwas Grünes ins Haus kommt – darauf legen die Menschen bereits seit dem Mittelalter wert, wenn nicht noch länger. Weiland dekorierten sie in der dunklen Jahreszeit ihre Räume mit immergrünen Tannen-, Mistel- und Wacholderzweigen, die sie »Winter«- oder »Weihnachtsmaien« nannten. Sie waren früher wie heute ein Zeichen für das Leben, das auch in der dunklen Jahreszeit stattfindet – und sie sollten vor Krankheit und Gefahr schützen.

Im 15. Jahrhundert gab es die ersten Weihnachtsbäume im heutigen Sinne: Bei Weihnachtsfeiern von Handwerkerzünften dienten sie als Dekoration, an ihnen hingen Datteln, Brezeln, Nüsse und Lebkuchen. Die Kinder der Zunftgenossen durften die Bäume nach den Feierlichkeiten plündern.

Nach einiger Zeit holten sich die Menschen Bäume auch in ihre Privathaushalte, erstmals wohl Anfang des 17. Jahrhunderts im Elsass. Die Bäume waren vorerst nicht mit Kerzen geschmückt, sondern mit Äpfeln, Oblaten, Papierrosen und »Zischgold«, also goldglänzendem Flitter aus dünnen Metallplättchen, und bei den wohlhabenderen Familien auch mal mit Puppen. Kerzen kamen erst um 1730 dazu, Christbaumkugeln ab Mitte des 19. Jahrhunderts (siehe Seite 179).

Dass Reformator Martin Luther den Weihnachtsbaum erfunden hat, stimmt übrigens entgegen mancher Behauptung nicht – zu seiner Zeit gab es keine Bäume in den Wohnstuben. Dennoch etablierte sich der Brauch zunächst in evangelischen Haushalten. Die Katholiken setzten früher vor allem auf Krippen als Mittelpunkt der weihnachtlichen Wohnung, den Baum empfanden sie als ihren Gegenspieler. Das Luthertum bezeichneten sie als »die Weihnachtsbaumreligion«. Ein Grund, warum sich die katholische Kirche zunächst derart gegen die Bäume gesträubt hat, könnte allerdings darin liegen, dass diese häufig aus den Wäldern geraubt wurden, die in vielen Fällen der Kirche gehörten.

Seit dem 19. Jahrhundert jedoch wollte niemand mehr auf den Baum verzichten – auch die Katholiken entwickelten sich zu Baumfällern. Mit Religion hatte und hat das Ganze ohnehin nicht wirklich etwas zu tun, abgesehen davon, dass der Baum zu Weihnachten geschmückt wird – es ist ein bürgerlicher Brauch zum Christenfest. Früher diente der Baum als Ständer für Süßigkeiten und Äpfel.

Er sollte schön im Kerzenlicht glänzen, damit alle im Raum leuchtende Augen kriegen. Diese Aufgaben erfüllte er nach und nach in vielen Wohnhäusern in ganz Europa. Adelsfamilien, die verwandtschaftlich mit Höfen im Ausland verbunden waren, hatten die Kunde von der stimmungsvollen Weihnachtsdekoration in andere Länder getragen. Auswanderer und Soldaten nahmen den Brauch mit nach Amerika. 1891 stand erstmals ein Weihnachtsbaum vor dem Weißen Haus.

Öffentliche katholische Einrichtungen brauchten übrigens deutlich länger, um sich damit anzufreunden: Erst seit Mitte des 20. Jahrhunderts ist der Weihnachtsbaum als Zugeständnis an diese Bürgersitte in katholischen Kirchen gestattet. Papst Johannes Paul II. ließ erstmals 1982 einen auf dem Petersplatz in Rom aufstellen. Der Baum im Vatikan hat übrigens nicht die beste Ökobilanz, er kommt jedes Jahr aus einem anderen Land.

WELCHER BAUM PASST ZU WEM?

»O Tannenbaum, o Tannenbaum ...«: Das heißt es in Deutschland rund 25 Millionen Mal, denn so viele Bäume werden hierzulande alle Jahre wieder zum Fest gekauft. Dem Lied zum Trotz handelt es sich nicht bei allen Weihnachtsbäumen um Tannen. Manche Menschen setzen auf andere Nadelbäume, immerhin hat jeder eine andere Vorstellung vom perfekten Weihnachtsgrün. Hier eine Beschreibung der gängigen Baumarten inklusive ihrer Charaktereigenschaften:

- **Nordmanntanne:** Sie ist inzwischen beinahe ein Synonym für den Weihnachtsbaum. Die meisten Menschen holen sich eine, was auch daran liegt, dass sie oft keine Alternative angeboten bekommen. Vor allem aber ist sie beliebt, weil ihre glänzenden dunkelgrünen Nadeln nicht stechen. Nordmanntannen wachsen gleichmäßig und haben lange, relativ gerade Zweige, die sich gut schmücken lassen. Der finnische Botaniker Alexander von Nordmann hat sie in den 1830er Jahren im Kaukasus entdeckt, daher der Name. Die Nachteile: Sie ist vergleichsweise teuer und riecht kaum.

- **Blaufichte:** Die Äste der Blaufichte sind stark und gleichmäßig gewachsen. Sie sind in der Lage, schweren Baumschmuck und echte Kerzen zu tragen. Toll ist, dass Blaufichten herrlich nach Wald riechen. Sie sind günstiger als Nordmanntannen. Ideal fürs weihnachtliche Wohnzimmer sind sie dennoch nicht, denn die Nadeln stechen stark und fallen schnell ab.

- **Rotfichte:** In den 70er Jahren war sie der Weihnachtsbaumklassiker schlechthin, im Wald ist sie die meist verbreitete Baumart. Die Wärme im Wohnzimmer mag sie indes nicht – da verliert die Rotfichte flugs ihre Nadeln. Wer ohnehin plant, sie nur wenige Tage zu behalten, kann es mit ihr versuchen und dabei herrlichen Fichtennadelduft genießen. Wer sie auf der Terrasse oder im Garten aufstellt, dürfte ebenfalls seine Freude mit ihr haben – sofern die piksenden Nadeln zu ertragen sind. Die Rotfichte ist preiswert.

- **Kiefer:** Sie ist ein Weihnachtsbaum für Liebhaber. Ihr Wuchs ist individuell, die Krone ist oft rundlich geformt, die langen Nadeln sind höchst ästhetisch. Schwerer Schmuck dürfte jedoch auf den filigranen, weichen Ästen in der Regel nicht halten. Strohsterne hingegen passen bestens. Die großen Vorteile sind: Egal wie trocken und warm es drinnen ist – die Kiefer hält das aus, bleibt frisch und behält ihre Nadeln über längere Zeit. Ihr Duft ist wunderbar. Zudem eignet sie sich im Gegensatz zu Tannen auch bestens als Baum, der zunächst im Topf gedeiht, um nach dem Fest im Garten ausgepflanzt zu werden. Ihre Überlebenschance nach der Pflanzaktion ist hoch, während etwa eingetopfte und wieder ausgesetzte Nordmanntannen eine schlechte Prognose haben.

- **Künstlicher Baum:** Künstliche Bäume sind inzwischen häufig hoch ästhetisch – viele von ihnen sehen den echten zum Verwechseln ähnlich. Ob auch sie als grünes Lebenssymbol in der dunklen Jahreszeit gelten können, muss jeder für sich selbst entscheiden. Auf den ersten Blick mag es denn auch umweltfreundlich wirken, einen Baum zu holen, der – möglicherweise bereits fertig geschmückt – alle Jahre wieder einsatzbereit ist. Doch Experten vom Naturschutzbund Deutschland (Nabu) raten auch aus ökologischen Gründen zum Original, denn während echte Bäume kompostierbar sind, landen die künstlichen Kollegen früher oder später doch als Plastikmüll in der Tonne.

16 »WIR SCHENKEN UNS NICHTS, OKAY?«

EINE KLEINE KONSUMKRITIK

»Gurian, könntest du herausfinden, ob Jürgen mir wirklich nichts schenkt?« Annette sitzt mit Gurian am Küchentisch. »Zur Not würde ich morgen noch losziehen, um etwas für ihn zu besorgen ...«

Gurian wundert sich über ihre Frage. Er war dabei, als Annette einen »Nichts-Schenken-Pakt« mit ihrem Mann geschlossen hat, Gurian ist sogar selbst ein Teil davon – und er nahm ihn ernst, bis gerade eben.

»Wir Erwachsenen brauchen uns nichts zu schenken, oder?«, hat Annette vorgeschlagen, als sie Anfang Dezember abends zu dritt zusammengesessen sind. Sie hatte darüber gestöhnt, dass der Advent immer so anstrengend sei: Es gebe so viele Termine zu koordinieren, die Weihnachtsfeiern der Kinder und der Erwachsenen, die Vorbereitungen fürs Fest, die Geschenke für Kunden und Mitarbeiter, der Jahresabschluss im Laden ...

»Sehr gute Idee«, hat Jürgen gesagt. »Wir haben doch alles. Und das Geld, das wir in Geschenke stecken würden, geht in die Urlaubskasse.«

»Und Gurian, du musst uns ohnehin nichts schenken«, hat Annette ergänzt. »Das größte Geschenk für uns in diesem Jahr ist es, durch dich einen Blick in die Zukunft werfen zu können.«

Dass allerdings die Kinder an Weihnachten nicht leer ausgehen dürfen – darüber waren sie sich ebenfalls einig. »Sie bekommen ganz klar Geschenke.« Diesen Satz sagten Annette und Jürgen lustigerweise zeitgleich. Damit war das Gespräch beendet. Aber gilt der Pakt tatsächlich? Annette scheint sich nicht mehr sicher zu sein.

»Wenn Jürgen sich nicht an die Vereinbarung hält und am Ende doch etwas für mich besorgt hat, stehe ich irgendwie blöd da – und lieblos«, sagt sie.

»Aber wieso sollte er etwas besorgt haben?«, fragt Gurian. »Ihr habt doch eine andere Abmachung ... Oder wünscht du es dir sogar, dass er ein Geschenk für dich hat?«

»Hm, na, irgendwie doch, denke ich«, gesteht Annette. »Etwas Kleines, zum Auspacken. Es müsste nichts Wertvolles sein, einfach nur ein Buch oder Pralinen. Ich habe Angst, dass ich es doch traurig finden würde, nichts zu bekommen.« Andererseits hätten sie in den vergangenen Jahren immer so ein Wettschenken veranstaltet. Sie hätten gegenseitig Dinge im Wert von insgesamt ein paar Hundert Euro herbeigeschafft – einfach, um passende Geschenke für den anderen zu haben. Klar hätten sich beide Mühe gegeben, etwas Besonderes für den anderen auszusuchen. Doch irgendwie sei es immer zu viel gewesen, denn sie hatten sich das ganze Jahr über immer selbst gekauft, was sie gebraucht oder auch nur gewollt hatten. Weihnachten dann obendrein einen Haufen Geschenke auf einmal zu bekommen – das war irgendwie unnötig. Zu viel Zeug. Ein klassisches *first world problem*. Aber sieht Jürgen es genauso? Und will sie selbst tatsächlich auf jegliche Aufmerksamkeiten verzichten?

»Warum fragst du ihn das nicht einfach?«, will Gurian wissen.

»Das kann ich nicht. Ich habe den Mund so voll genommen, dieses ›Wir schenken uns nichts mehr‹ war meine Idee«, sagt sie. »Wenn ich jetzt, drei Tage vor dem Fest, damit ankomme, dass ich mir doch eine Kleinigkeit wünsche – ich weiß nicht, das ist doch kindisch«, sagt sie. »Aber was, wenn Jürgen es insgeheim ähnlich sieht und auch etwas zum Auspacken haben möchte? Andererseits – vielleicht würde es uns auch ein richtig gutes Gefühl geben, in dieser übersättigten Gesellschaft den Fokus auf die Stimmung zwischen uns zu legen, ganz ohne Geschenke. Wir würden uns ohne Ablenkung mit den Kindern freuen, gemeinsam herrlich dekorieren, kochen ... Wir würden die Heilige Nacht nicht so konsumorientiert verbringen, keine Gedanken haben wie ›Oh, eine blaue Bluse als Geschenk, na ja, ich hätte mir selbst eine andere ausgesucht‹ – sondern uns an unserem Zusammensein freuen.«

»Dann ist es klar, oder?«, sagt Gurian. »Dann ist es doch einen Versuch wert, es mal ohne Geschenke für die Erwachsenen zu probieren.«

»Ja, Gurian, ich glaube auch«, sagt Annette. »Ich danke dir fürs Mitdenken.«

»Annette, du hältst dich auch bei mir an den Nichts-Schenken-Pakt, oder?«

»Ja, Gurian, oder?«

»Ja.«

Jetzt ist Gurian verunsichert. Hat sie das jetzt ernst gemeint? Oder soll er ihr doch eine Kleinigkeit schenken, damit sie Weihnachten nicht traurig ist, weil ihr eine Aufmerksamkeit für sich selbst fehlt? Was tun?

O du Peinliche

Am Geschenk, so scheint es, messen viele, wie viel sie anderen wert sind. Praktisches ist da in Verruf geraten. Wer geliebt wird, bekommt schließlich eine Designertasche, eine Nintendo Switch, einen Städtetrip nach London. Und damit ist es nicht getan, denn wie armselig sieht es aus, wenn Weihnachten nur ein einziges Geschenk unterm Baum liegt?

Was aber, wenn alles zu viel ist, wenn Erwachsene alles, wirklich alles haben, was sie brauchen und wünschen – und mehr Zeug nur noch eine Belastung darstellt? Ist es eine Lösung, das Ritual des Schenkens, das seit der Kindheit geliebt wurde, abzuschaffen? Ist das der Grund, warum Weihnachten in der Zukunft gar nicht mehr gefeiert wird – weil das Schenken unwichtig werden wird. Oder ist es möglich, ein festliches Weihnachten zu haben, auch wenn sich nichts mehr um materiellen Konsum dreht? Wie findet man heraus, ob wirklich alle Beteiligten hinter dem Pakt stehen, sich nichts mehr zu schenken? Na, indem man miteinander redet. Indem spätestens am vierten Advent noch mal gefragt wird: »Wir schenken uns doch wirklich nichts, oder?«

Bleibt ein Zweifel, ob der andere traurig wäre, so ohne Geschenke, oder ob der andere sich heimlich sogar mit Geschenken bewaffnet – dann könnte man vorsichtshalber ein Sicherheitsgeschenk besorgen. Ein Ass im Ärmel, das noch hervorgezogen werden könnte. So ein Ass könnte auch etwas Selbstgemachtes sein, das je nach Definition eine Aufmerksamkeit für den anderen oder auch »nur« ein Beitrag zum Fest sein könnte: selbst gemachter Likör oder edle Pralinen als Nachtisch.

Wer sich jedoch an den Pakt hält und dann ein Geschenk von seinem vermeintlichen Bündnispartner bekommt – der kann schwerlich zum Sündenbock gemacht werden. Er sollte dann nicht in Versuchung kommen, zu sagen, dass er noch ein Geschenk besorgt, denn eins, das nach den Feiertagen kommt, gehört wirklich nicht mehr zu Weihnachten. Er sollte das seine einfach mit Dank annehmen, dem anderen ein »Du Lausebengel« ins Ohr flüstern – und im kommenden Jahr selbst wieder mit einer Überraschung daherkommen, weil es offenbar irgendwie erwünscht ist.

SCHÖNE BESCHERUNG

Kinder richtig beschenken

Ob Lego-Ninjago, Fitness-Barbies, das *Mister-Pups*-Spiel oder alles zusammen: Was auf dem Wunschzettel von Kindern steht und was sie davon auch wirklich bekommen – das hängt oft vom Erfolg von Werbesendungen und von der Laune sowie dem Geldbeutel der Eltern ab. Ein paar Regeln aber gibt es, an die sich alle Mamas und Papas halten sollten, wenn die Bescherung glücklich verlaufen soll:

1. Die Eltern sollten das Geschenkpapier für die Spielsachen genauso gut verstecken wie die Geschenke selbst, denn sonst heißt es: »Das Christkind/der Weihnachtsmann hat unser Geschenkpapier für die Geschenke hergenommen!« Als nächstes folgt dann das Outing des Geschenkebringers, und das muss nicht ausgerechnet Heiligabend stattfinden, oder?

2. Wenn das Kind einen Herzenswunsch hat, den die Eltern partout nicht erfüllen können oder wollen – dann sollten sie offen mit dem Kind darüber reden, dass die Sache wohl nicht unterm Christbaum landen wird, und zwar

idealerweise schon lange vor Weihnachten. Es gilt, dem Kind klarzumachen, warum der Wunsch nicht realisiert werden kann. Es versteht vermutlich gut, dass der Todesstern von Lego wirklich zu teuer ist und das Pferd tatsächlich nicht in den Garten passt – jedenfalls, wenn es vorgewarnt ist.

3. Es ist nicht absurd, den Kindern als »großes« Geschenk eine Aktivität statt das fünfte Playmobil-Haus zu schenken. Wetten, dass sich die Tochter oder der Sohn wie verrückt freut, wenn er oder sie Karten für eine Zaubershow der Ehrlich Brothers bekommt und nur mit Erwachsenen hingehen darf? Oder wenn Papa mit Klein-Sophie zu Helene Fischer tigert? Karten für derartige Events »gelten« bestimmt als vollwertiges »großes« Geschenk, auch für kleine Kinder, befüllen das Kinderzimmer aber nicht mit noch mehr Dingen. Und ein paar gut verpackte Playmobil-Männchen sorgen dafür, dass auch an Heiligabend mit Geschenken gespielt werden kann – vielleicht wird sogar eine Zauber- oder Schlagershow inszeniert.

4. »Ist das für mich? Ist das für mich? Ist das für mich?« Es ist gut, wenn die Geschenke beschriftet sind, vielleicht auch mit Symbolen, die kleinere Kinder lesen können, wie einem Herz oder einer Sonne. Dann wird nicht ver-

sehentlich das Geschenk des kleinen Bruders oder der großen Schwester aufgerissen.

5. Auch wenn es anstrengend ist: Playmobil-Ritterburgen und Barbie-Häuser gehören von den Eltern bereits vor dem Fest aufgebaut, denn die beschenkten Kinder wollen freilich gleich losspielen und nicht erst Stunden warten, bis Mama oder Papa fluchend alle Teile zusammengesteckt haben. Und die Eltern, die wollen sicherlich auch nicht Heiligabend mit dem Barbie-Hausbau verbringen. Sie wissen ja: Das gemeinsame Spielen wird noch anstrengend genug.

17 SCHMUCK BIS IN DIE SPITZE

FRÜHER WAR MEHR LAMETTA

»Gurian, könntest du mir helfen, die Kisten mit dem Weihnachtsschmuck aus dem Keller zu holen? Es sind zwar noch drei Tage bis zum Fest, aber was erledigt ist, ist erledigt. Kinder, Jürgen, kommt ihr vielleicht auch mit?« Annette trommelt das Komitee zur Schmuckabholung zusammen, gemeinsam steigen alle die Kellertreppen hinab und suchen, was gebraucht wird: einen Ständer für den Weihnachtsbaum, eine Lichterkette, einige Kisten, in denen Kugeln aus Glas aufbewahrt sind, die Gurian schon an den Weihnachtsbäumen in der Stadt hat hängen sehen. Wie wunderbar, dass so ein üppig geschmückter Baum in Kürze auch im Wohnzimmer der Hollerbachs stehen wird!

»Annette, trägst du nichts?«, fragt Jürgen mit Blick auf die letzte Kiste, die nach oben gehört. »Wenn du diese hier nimmst, müssen wir kein zweites Mal in den Keller.«

»Ich halte euch die Türen auf«, sagt Annette und lässt die Kiste stehen. Die anderen wundern sich, dass sie nicht mit anpackt. Als sie mit den Weihnachtsutensilien im Wohnzimmer sind, fordert Annette ihre Familie auf, sich zu setzen.

»Ich muss euch was sagen«, sagt sie – und lächelt. »Eigentlich wollte ich mir die Nachricht für Weihnachten aufsparen, aber jetzt kann ich sie nicht mehr für mich behalten ...«

Jürgen scheint zu ahnen, was sie sagen will. »Bist du ...?«, fragt er.

»Ja, Jürgen. Ihr alle: Wir kriegen noch ein Kind!«, jubelt Annette. »Gurian, das Foto, das du uns mitgebracht hast – es ist wirklich wahr. Ich habe dir immer geglaubt, deine Geschichte ... Nur das mit dem dritten Kind war so abstrakt. Doch als ich neulich beim Arzt war, habe ich schon sein Herz schlagen sehen!«

Jürgen umarmt sie stürmisch. »Ich freu mich so!«

Gurian grinst.

Sophie sagt: »Hoffentlich ist es ein Mädchen.«

»Es wird ein Junge«, sagt Gurian. »Das wissen wir schon.«

»Gurian, dank dir und des Fotos weiß ich auch schon, dass die Schwangerschaft gut verlaufen wird, dass das Kind ein Junge wird – und vor allem: dass er gesund auf die Welt kommt. Allein dieses Wissen ist das beste Weihnachtsgeschenk für mich, für uns. Die schlechte Nachricht ist nur, dass ihr alleine diese Kisten schleppen musstet und mir vielleicht auch beim Schmücken zumindest der oberen Äste helfen müsst.«

Gurian sagt: »Es ist mir eine Ehre. Ach, ich freu mich. Mein Ururururopa kommt bald auf die Welt.« Dann grinst er noch mal – und macht die Terrassentür auf, denn er will den Baum ins Zimmer holen. »Ich übernehme das Schmücken auch gerne komplett, ich habe ja in den Geschäften der Stadt schon gesehen, wie so ein Baum letztlich aussehen wird.«

»Nein, nein, halt«, ruft Annette. »Sorry, aber das wäre ein Frühstart. Wir holen den Baum erst am 23. rein. Geschmückt wird er erst am Mittag des 24. Dezember.«

»Aber warum das denn?«, fragt Gurian. »Ich dachte, was erledigt ist, ist erledigt. Außerdem sind die Bäume doch schon überall geschmückt.« Er wundert sich, beschließt aber, einer schwangeren Frau nicht weiter zu widersprechen.

O du Peinliche

Ja, es stimmt: In vielen Familien wird es zum Trend, den Weihnachtsbaum bereits Anfang Advent aufzustellen und zu schmücken – und die Pracht in den sozialen Netzwerken zu präsentieren. Viele andere sind daraufhin verunsichert und fragen sich, ob sie nicht zu spät dran sind, wenn sie den Baum, wie gewohnt, erst kurz vor dem Fest ins Wohnzimmer holen. Doch Moment: So schön es ist, den Baum bereits den gesamten Dezember hindurch bewundern zu können, so bedauerlich ist es doch, wenn er Heiligabend längst zum gewohnten Inventar geworden ist. Wenn die Kinder längst wissen, wie er beleuchtet aussieht – was dann ja Weihnachten nichts Besonderes mehr ist. Wer das Fest möglichst magisch gestalten will, sollte sich an folgende Traditionalistenregel halten: Kein Weihnachtsbaum vor dem 23. oder sogar 24. Dezember!

Es gibt Familien, deren Wohnzimmer am Tag des 24. Dezember komplett verschlossen bleibt. Die Eltern dekorieren den Baum unter Ausschluss der Öffentlichkeit und platzieren die Geschenke darunter, während die Kinder vorfreudig vor der

Tür herumschleichen. In anderen Familien gehört das gemeinsame Schmücken als Brauch zum Fest dazu. Oft passiert dies tagsüber am 24. Dezember, manchmal aus organisatorischen Gründen auch schon am Abend des 23. Dezember. Wie der Baum beleuchtet aussieht, das erfahren alle idealerweise zur Bescherung – dann erst knipsen die Eltern die Lichterkette an oder entzünden die Kerzen. Welche Wirkung dieser Moment auf alle hat, die den Baum nicht schon den gesamten Advent hindurch betrachtet haben, ist unbeschreiblich.

Es geht aber nicht nur um Kerzen und Lichterketten – auch der restliche Schmuck am Baum verfehlt seine Wirkung in der Regel nicht. Überall ist er anders. Bei manchen Menschen hängen nur Strohsterne am Baum, die gerade durch ihren Minimalismus elegant daherkommen. Bei anderen biegen sich die Zweige vor Metallsternen und Glaskugeln, und es ist kaum mehr Grün unter dem Schmuck zu erkennen.

Allzu lange gibt es die allseits beliebten Christbaumkugeln übrigens noch nicht. Während in den frühen Christbäumen Früchte und Süßigkeiten hingen (siehe Seite 158), wurde der Glasschmuck vermutlich um 1847 in Lauscha im thüringischen Landkreis Sonneberg erfunden, einem Ort, der bislang vor allem für die Herstellung von Glas für

Labore, Apotheken und Fensterscheiben bekannt war. 1847 konnte sich einer Legende nach ein Glasbläser des Ortes weder Äpfel noch Nüsse für den Baum leisten – er hat daher die Früchte aus Glas nachgebildet, um diese ersatzweise aufzuhängen. Vielleicht ist es sogar das Auftragsbuch dieses konkreten Glasbläsers aus dem Jahr 1848, das bis heute erhalten ist und in dem erstmals eine Bestellung über sechs Dutzend Weihnachtskugeln in diversen Größen dokumentiert ist. Klingt, als wäre das der Anfang des Siegeszugs der Weihnachtskugel.

Die USA eroberte sie ab dem Jahr 1880. Frank Winfield Woolworth, der Gründer der gleichnamigen Kaufhauskette, hatte welche importiert und dadurch weltberühmt gemacht. Nach dem Ersten Weltkrieg begannen Unternehmen aus aller Herren Länder mit der Herstellung der wunderschönen Glaskugeln.

TIPP

Auf zum Kugelmarkt in Lauscha

In Lauscha findet jährlich am ersten und zweiten Adventswochenende der sogenannte »Kugelmarkt« statt, ein origineller Spezialmarkt für gläsernen Christbaumschmuck. Nirgendwo sonst

Bereits in ihren Anfängen waren Weihnachtskugeln auf verschiedenste Weise geformt und kamen etwa auch als gläserne Weihnachtssterne, als -tiere, -kinder oder -herzen daher. Während als Farben bis vor einigen Jahren Silber, Gold oder Rot dominierten, ist inzwischen Schmuck jeder Couleur zu finden, gerne auch in Pastellfarben, in Neon oder metallisch glänzend. Im Trend sind auch Kugeln, die mit Pailletten verziert, oder transparente Kugeln, die mit Glitzer, Figuren oder Zweigen gefüllt sind. Es gibt für Kuchenliebhaber Kugeln in Cupcake-Form und für Musikfans welche mit AC/DC-Schriftzug.

SAURE-GURKEN-ZEIT

Christmas Pickles im Baum

Eine Essiggurke aus Glas als Schmuck im Weihnachtsbaum? Ganz genau: In den USA ist es üblich, solches Gemüse in den Baum zu hängen, und auch in Deutschland darf es in vielen Familien nicht mehr fehlen. Rund um die Gurke gibt es ein Spiel: Der, der den Baum schmückt, versteckt dabei eine dieser *Christmas Pickles*, oder Weihnachtsgurken, zwischen den Zweigen. Am Weihnachtsabend durchforsten die anderen Familienmitglieder den Baum nach dem Anhänger. Dadurch, dass die Gurke tarnfarben grün aussieht, suchen sich manche einen Ast. Wer sie zuerst entdeckt, bekommt ein zusätzliches Geschenk.

Was es indes immer weniger gibt, ist Lametta – der Spruch »Früher war mehr Lametta« trifft tatsächlich zu. Die silberfarbenen Glitzerfäden, die einst an keinem deutschen Christbaum fehlen durften, sind aus der Mode gekommen. Vielleicht liegt dies am aufwendigen Schmücken und Abschmücken, Lametta sollte nämlich vor der Entsorgung des Baums Faden für Faden abgehängt werden.

»FRÜHER WAR MEHR LAMETTA«

Woher kommt der Spruch?

Schmale, glitzernde Metallschnüre, die traditionell als Weihnachtsschmuck an den Baum gehängt wurden: Das ist Lametta, erklärt für alle

Spätgeborenen, die es nicht mehr kennen. Denn: Es ist zum Ladenhüter geworden. Der Spruch »Früher war mehr Lametta« ist dagegen inflationär in Gebrauch, und das nicht nur zur Weihnachtszeit. Er bedeutet jetzt meist: »Früher war alles besser, glitzriger.« Ursprünglich stammt er aus dem Loriot-Sketch *Weihnachten bei Hoppenstedts* aus dem Jahr 1976. Im Sketch, der die Weihnachtshektik in einer typischen deutschen Familie abbildet, beschwert sich Opa Hoppenstedt: »Früher war mehr Lametta.«

18 DER SOUND-TRACK DER *STILLEN NACHT*

WEIHNACHTSLIEDER VON *WEIHNACHTSBÄCKEREI* BIS WHAM!

»Jetzt kommt es«, flüstert Annette und drückt Jürgens Hand. In der Kirche geht das elektrische Licht aus. Gurian denkt zuerst an einen Stromausfall, doch da sich alle Menschen um ihn herum ruhig verhalten, bleibt auch er entspannt. Der großzügige Raum ist nur noch durch den milden Schein der Kerzen an den Weihnachtsbäumen beleuchtet, die vor der Kirchengemeinde zu beiden Seiten des Altarraums stehen. Nach ein paar Momenten beginnt die Orgel zu spielen, und gefühlt alle Kirchbesucher singen, und zwar so inbrünstig, wie Gurian Laien noch nie ein Lied hat anstimmen hören.

»Stille Nacht! Heilige Nacht!
Alles schläft; einsam wacht
Nur das traute, hochheilige Paar.
Holder Knab' im lockigen Haar,
Schlaf in himmlischer Ruh!
Schlaf in himmlischer Ruh!«

Gurian sieht, wie Annette verklärt zu den beleuchteten Weihnachtsbäumen blickt, als würde von dort in Kürze ein Engel emporfliegen. Doch auch Gurian selbst ist ergriffen, die Stimmung ist geheimnisvoll, durch das wenige schummrige Licht und durch dieses wunderbare Lied, das alle zu berühren scheint. Er wünschte, er könnte den Text mitsingen, ein echter Teil dieses Ganzen sein, das er gerade erlebt.

Als der letzte Ton verklungen ist, gehen die elektrischen Lichter wieder an. Der Pfarrer sagt noch letzte Worte, und schließlich ist der Gottesdienst vorbei. Alle fallen sich in die Arme und wünschen sich »Frohe Weihnachten«. Das Ende der Kirche scheint der Startschuss für das eigentliche Fest zu sein.

Die Familie geht noch vor zum Altar, vor dem eine Darstellung des Jesuskinds in einer Krippe aufgebaut ist, und dann geht es nach Hause.

»Glaubt ihr, das Christkind war schon da?«, fragt Annette.

»Oder der Weihnachtsmann?«, fragt Lukas.

Sie ziehen die Schuhe aus, hängen die Mäntel an die Garderobe – und stürmen ins Wohnzimmer. Und siehe da: Der Baum ist illuminiert. Darunter liegen so viele Geschenke, wie sie Gurian noch nie auf einem Fleck gesehen hat. Wahnsinn. Die Augen der Kinder strahlen fast intensiver als die beleuchtete Tanne.

»Dürfen wir?«, fragt Sophie und deutet auf die Päckchen.

Annette ist streng. »Erst singen wir noch ein Weihnachtslied. Welches?«

»*O du Fröhliche*«, sagt Jürgen.

»Ne, da kann ich den Text nicht«, sagt Sophie

»Lasst uns doch *In der Weihnachtsbäckerei* singen«, sagt Gurian. »Das kann sogar ich.«

»Jaaaa«, sagen die Kinder – doch Annette protestiert: »Gurian, wenn du den Text wirklich kennen würdest, wüsstest du, dass es kein Weihnachtslied ist. Es geht in der *Weihnachtsbäckerei* ums Plätzchenbacken und um die Kleckerei dabei – damit sind wir jetzt durch, oder?«

Sie wirkt ein bisschen genervt – Gurian vermutet, sie hat das Lied vielleicht zu oft gehört, immerhin haben er und die Kinder es in den vergangenen Tagen ständig geträllert. Schade eigentlich, und das findet auch der kleine Lukas: »Menno«, sagt er.

Annette lässt sich davon nicht beeindrucken und stimmt das Lied an, das sie passend findet:

»Kommet, ihr Hirten, ihr Männer und Frau'n!
Kommet, das liebliche Kindlein zu schau'n!
Christus, der Herr, ist heute geboren,
Den Gott zum Heiland euch hat erkoren.
Fürchtet euch nicht!«

Warum Hirten besser ins weihnachtliche Wohnzimmer passen als die *Weihnachtsbäckerei*, die das Fest immerhin im Namen hat, versteht Gurian nicht so recht. Aber *Kommet, ihr Hirten* ist auch ein schönes Lied – das muss er zugeben, auch wenn die Magie der Heiligen Nacht ziemlich schnell verschwindet, als sich die Kinder wie wilde Tiere auf ihre Geschenke stürzen.

»DIE *WEIHNACHTSBÄCKEREI* IST GAR KEIN WEIHNACHTSLIED«

Ein Gespräch mit Rolf Zuckowski

Herr Zuckowski, die *Weihnachtsbäckerei* gibt es seit mehr als 30 Jahren. Sie wurde erstmals 1987 bei *Wetten, dass..?* gesungen. Wie finden Sie es, dass dieses Lied heute bei den meisten Kindern bekannter ist als *Stille Nacht*?

Rolf Zuckowski: Da ist man als Komponist und Textdichter machtlos. Da müsste man schon beim Schreiben ahnen, welche Dimensionen ein Lied bekommt, und sich überlegen, ob man dafür Verantwortung übernehmen kann. Lieder, die einen gewissen Erfolg haben, hat man nicht mehr im Griff. Das ist das große Glück unseres Berufs, aber es birgt auch eine große Verantwortung, denn man legt den Menschen, auch Kindern, ja Worte und Gedanken in den Kopf. Darüber muss man sich beim Schreiben, spätestens bei der Veröffentlichung, schon bewusst sein. Wenn der Begriff »Weihnachtsbäckerei« so stark wird und das Lied diesen etwas mozartesken Melodieauftakt hat, dann kriegt es nun mal diese Kraft. Für mich ist es aber gar kein Weihnachtslied. Wenn mir jemand schreibt, er könne sich den Heiligen Abend ohne dieses Lied nicht mehr vorstellen, dann macht mich das traurig. Denn mit Heiligabend hat dieses Lied überhaupt nichts zu tun.

In vielen modernen Weihnachtsliedern ist vor allem von Winter und Schneebällen die Rede. Gerät damit der eigentliche Sinn von Weihnachten in den Hintergrund?

Rolf Zuckowski: Die beliebtesten Weihnachtslieder sind eigentlich gar keine. *Last Christmas* ist zum Beispiel das Lied einer gekränkten Liebe. In meinen Liedern ist mir die christliche Botschaft schon sehr wichtig. Ich greife Worte auf, die man aus der Bibel kennt, auch aus Gottesdiensten, vermeide aber Frömmelei. Ich glaube, dass ich so ausdrücken kann, dass Weihnachten viel mehr ist als Geschenke und Schneeglitzern. Jeder muss schauen, wie bei ihm Weihnachten einzuordnen ist, im Herzen und im Kopf. Es gibt von mir ein Lied, *Mitten in der Nacht*, in dem es heißt: »Da wurde mitten in der Nacht ein Kind geboren.« Es wird seit vielen Jahren in der Florian-Silbereisen-Adventsshow zum Schluss von allen Interpreten gesungen. Und ich höre ganz oft von Leuten, für sie sei dieses Lied das, was früher mal *Stille Nacht* war. Die christliche Botschaft von der Geburt Jesu, die Licht in unsere Welt bringt, wird hier sehr deutlich – auch wenn die Wörter »Gott« und »Jesus« gar nicht vorkommen. Ein anderes Lied mit einer tiefen Weihnachtsbotschaft ist *Wär uns der Himmel immer so nah*. Das ist auch der Titel eines Albums mit meinen Weihnachtsliedern für Erwachsene, dazu gibt es von Martin Tingvall Klavierinterpretationen meiner Kinderweihnachtslieder ohne Gesang. Semiklassisch, nicht jazzig, sodass man die musikalische Kraft dieser Lieder – auch der *Weihnachtsbäckerei* – wieder ganz anders spürt.

Ist der Advent eine stille Zeit für Sie?

Rolf Zuckowski: Es gibt ein Lied von mir, das heißt *Inseln der Stille*. Ich glaube, es ist eins meiner wichtigsten Lieder, das aber kaum beherzigt wird. »Weniger Geschenkpapier und goldverschnürtes Glück, weniger Berieselung durch Glöckchen und Musik ... und dann mal seh'n, was übrig bleibt: Mehr Weihnachten ... Zeit um zu spür'n, dass es Inseln der Stille noch gibt.« Ich würde mir einen stilleren Advent wünschen. Ich suche auch immer Orte auf, die diese Stille haben, eine kleine Gasse oder eine Kapelle oder die Natur, die im Winter ihre eigene Stimmung hat. In unserem Haus ist der Advent eher still, beschaulich und nicht turbulent. Meine Frau schmückt am Abend vor dem ersten Advent die Wohnung schön. Wir legen Wert auf eine gewisse adventliche Besinnlichkeit. Auf Weihnachtsmärkte gehe ich nicht besonders gerne. Diesen glühweinseligen Trubel, den viele mögen, brauche ich nicht so sehr.

O du Peinliche

Die Weihnachtszeit ist auch die Zeit der musikalischen Ohrwürmer, untrennbar ist das Singen und das Musizieren mit dem Advent verbunden. Bekannte und auch unbekannte Musiker produzierten und produzieren anlässlich des Fests sowohl Kurzzeitgassenhauer als auch unsterbliche Kunst, das Repertoire reicht von *Rudolph, the Red-Nosed Reindeer* hin zum Weihnachtsoratorium von Bach, vom lauten *Jingle Bells* zur *Stillen Nacht*. Kaum jemand, der im Advent nicht mitbrummt, wenn aus dem Autoradio Bing Crosbys »*I'm dreaming of a white Christmas ...*« tönt. Und auch Livemusik gibt es überall, auf dem Weihnachtsmarkt genau wie in Kirchen, in Schulen genau wie in den großen Konzertsälen der Republik.

In der Christmette oder unterm Weihnachtsbaum im heimischen Wohnzimmer singen dann auch die, die sich bisher vornehm zurückgehalten haben: Denn spätestens wenn die Familie oder die gesamte Kirchengemeinde *Stille Nacht* anstimmt, packt es jeden, der kein Herz aus Stein hat.

Weihnachtslieder gibt es vermutlich seit dem 11. Jahrhundert – die Priester gaben damals während der weihnachtlichen Mitternachtsmesse klerikale lateinische Gesänge zum Besten. Erst in den darauffolgenden Jahrhunderten durfte auch die Gemeinde einstimmen. Reformator Martin Luther war wesentlich daran beteiligt. Er sorgte dafür, dass mehr und mehr deutsche Lieder und Weihnachtslieder während der Messen gemeinsam gesungen wurden. Er selbst schrieb um 1535 ein Weihnachtslied, das heute noch viel gehört wird: *Vom Himmel hoch*.

Im 18. Jahrhundert begannen Familien schließlich, die weihnachtlichen Kirchenlieder auch in den eigenen vier Wänden zu singen. Im 19. Jahrhundert ist das weltweit verbreitetste Weihnachtslied *Stille Nacht* entstanden. Zu jener Zeit kamen zudem immer mehr Weihnachtslieder heraus, die sich nicht mehr unbedingt um die Weihnachtsbotschaft gedreht haben: Es ging zunehmend um die wunderbare Atmosphäre des Fests, das immer mehr zum bürgerlichen Familienereignis wurde. Von damals stammt auch das ewige *O Tannenbaum*. Wer seine Oma an Heiligabend ärgern will, gibt Varianten von berühmten Weihnachtsklassikern zum Besten, etwa das unter Schülern kursierende »Leise pieselt das Reh/gelbe Spur'n in den Schnee ...«.

Weitere Lieder, die ebenfalls das Etikett »Weihnachten« tragen, haben noch weniger Berührungspunkte mit dem Fest. Dean Martins *Let It Snow! Let It Snow! Let It Snow!* ist fast sowas wie ein Wetterbericht – und läuft in der Weihnachtszeit dennoch rauf und runter. In *Jingle Bells* geht es um eine Pferdeschlittenfahrt. Die Lieder könnten genauso gut noch über den Advent hinaus gespielt werden, doch niemand würde sie im Januar oder im Februar noch hören wollen. Selbst Liedermacher Rolf Zuckowski, der die *Weihnachtsbäckerei* geschrieben hat, gefällt es nicht, wenn sein Song in der Heiligen Nacht gespielt wird, weil es kein Weihnachtslied ist (siehe Interview auf Seite 189).

Viele Musikliebhaber sind da weniger kritisch, sie hören zur Heiligen Nacht, was ihnen gefällt. In die Kirchen aber dürften es Pop und Schlager nicht schaffen – und mal ehrlich, wären die Menschen nicht enttäuscht, wenn sie in der Christmette *Last Christmas* statt *Stille Nacht* hören würden? Immerhin kennen sie den Klassiker zur Heiligen Nacht seit ihrer Kindheit als solchen, er verstärkt die Magie in der Kirche und steht für das Gefühl der Weihnacht.

STILLE NACHT

Das ewige Lied

Keine Ballade von Helene Fischer, kein Song der Rolling Stones oder Justin Biebers – nicht einmal eine Komposition von Mozart ist so bekannt wie das Lied, das um 1818 im bayerisch-österreichischen Grenzgebiet entstanden ist: *Stille Nacht* ist in mehr als 300 Sprachen übersetzt, auch in

Klingonisch, Hawaiianisch und Indisch, und wird jedes Jahr von mehr als zwei Milliarden Menschen gesungen. Selbst Elvis Presley und Frank Sinatra erlagen dem Zauber des Liedes und führten es in ihren Versionen auf. Innerhalb weniger Jahrzehnte hatte es sich zunächst nach Ostdeutschland, irgendwann nach Amerika und schließlich über die ganze Welt verbreitet. Es besteht aus sechs Strophen, gesungen werden heute in der Regel drei: die erste, zweite und sechste Strophe des Originals.

Die ursprünglichen Schöpfer waren lange unbekannt, es handelte sich bei ihnen nicht gerade um die großen Komponisten ihrer Zeit, sondern um einen Hilfspfarrer und einen Lehrer. Der Zufall spielte bei der Veröffentlichung und Verbreitung von *Stille Nacht* auch mit: Die Orgel der Pfarrkirche von Oberndorf bei Salzburg soll am Vormittag des Heiligabends 1818 ihren Dienst verweigert haben, heißt es. Pfarrer Joseph Mohr war nervös, immerhin stand der wichtigste Abend des Kirchenjahres bevor, die ganze Gemeinde würde dann in der Christmette sein und auf gute Musik warten. Er erinnerte sich an die Verse, die er einmal geschrieben hatte: *Stille Nacht, heilige Nacht.* Könnte Dorfschullehrer und Organist Franz Xaver Gruber, ein talentierter Musiker, nicht ein Lied daraus machen, das mit der Gitarre begleitet werden könnte? Gruber konnte das, bis zum späten

Nachmittag hatte er *Stille Nacht* als Lied für zwei Männerstimmen und eine Gitarre vertont, damit sich die Messe nicht auf die Predigt des Pfarrers beschränken musste. Abends wurde *Stille Nacht* schließlich uraufgeführt. Gruber sang den Bass, Mohr den Tenor, und Mohr spielte zudem eine Gitarre, was für eine Christmette kein angemessenes Instrument war. Und dennoch: Es war ein Moment immenser Tragweite, die den Anwesenden nicht bewusst gewesen sein dürfte.

Leider bekamen die beiden Liedermacher nicht wirklich mit, wie berühmt *Stille Nacht* einmal sein würde. Unaufhaltsam verbreitete sie sich erst nach Mohrs Tod im Jahr 1848, und auch Gruber, der 15 Jahre später starb, erfuhr nur von den Anfängen der Popularität ihres Werkes.

19 WER INS WOHN-ZIMMER KOMMEN DARF

CHRISTKIND VERSUS WEIHNACHTSMANN

Gurian muss schmunzeln, als er sieht, dass Jürgen und Annette nun doch eine kleine Aufmerksamkeit für den jeweils anderen besorgt haben und diese verschämt unterm Baum hervorziehen, jedem Nichts-Schenken-Pakt zum Trotz. Und auch er selbst ist nicht leer ausgegangen: Er hat einen Kalender bekommen mit Fotos der Familie für jeden Monat – für das Jahr 2227!

»Ein selbst gemachter Kalender ist ein beliebtes Weihnachtsgeschenk«, erklärt ihm Annette. »Eigentlich gilt dieser dann immer fürs kommende Jahr – aber ich fürchte, du wirst dich bald in 2227 aufhalten!«

»Ja«, bestätigt Gurian traurig. »Es sind nur noch wenige Wochen, die ich bleiben darf. Ich freue mich natürlich wieder auf meine Lieben in der Zukunft – aber ich hasse es, euch zurückzulassen. Lasst uns heute nicht daran denken.«

Als Annette Würstchen und Kartoffelsalat auf den Tisch stellt, sind die Kinder längst nicht bereit fürs Weihnachtsabendessen. Sophie ist ins Spiel mit Lukas' nagelneuer Playmobil-Ritterburg vertieft, während ihr kleiner Bruder den Aufzug ihres Barbie-Hauses testet. Schließlich aber kommen sie doch an den Tisch, mit leuchtenden Augen und vor Aufregung geröteten Wangen.

Als alle sitzen und essen, fragt Gurian neugierig: »Na, wer hat denn nun eigentlich die Geschenke gebracht? Das Christkind, der Weihnachtsmann oder Mama und Papa?«

Im nächsten Moment spürt er unterm Tisch einen Tritt gegen sein Schienbein. Autsch, das hätte er offenbar nicht fragen dürfen. Annette sieht ihn böse an, und die Kinder schauen fragend zu ihren Eltern, als würden sie eine Erklärung fordern.

»Kinder, ihr wisst besser als Gurian, wer die Geschenke bringt, oder?«, fragt Annette.

»Ich glaube, es war der Weihnachtsmann«, sagt Lukas.

Annette verdreht die Augen. In ihrer Familie wurde immer schon ans Christkind geglaubt, doch in Lukas' Kindergarten gibt es wohl einige Kinder und auch eine Erzieherin, die ihrem Sohn vom Mann mit dem aufgeklebten Rauschebart erzählen und darauf bestehen, er sei der Geschenkebringer. Gurian erinnert sich wieder, dass sie sich darüber beklagt hat.

»Ne, zu uns kommt das Christkind«, sagt Sophie. »Aber zu den Neumeiers kommt der Weihnachtsmann, das hat mir Alina erzählt. Irgendwie teilen Christkind und Weihnachtsmann sich das auf.«

»Lukas, du weißt doch, dass an Weihnachten Jesus geboren wurde als das Christkind. Wir feiern seinen Geburtstag an Weihnachten. Dann besucht er uns ganz heimlich und bringt uns Geschenke«, sagt Jürgen.

»Das ist aber lieb vom Christkind«, sagt Gurian, der merkt, dass die Frage nach dem Überbringer der Ritterburg und des bellenden Plüschhundes im Hause Hollerbach nicht verhandelbar ist.

O du Peinliche

Eins vorneweg: Gurian hat mit seiner Frage riskiert, dass die Kinder den Glauben ans Christkind infrage stellen. Das ist heikel: Viele Familien leben Weihnachten mit einer (kleinen) Lüge und erzählen Geschichten übers Christkind oder den Weihnachtsmann, damit das Fest noch ein bisschen magischer und märchenhafter ist. Ein Außenstehender sollte sich da nicht einmischen und nichts vorwegnehmen, was die Eltern vermutlich in einem der kommenden Jahre gern selbst erledigen würden: Das könnte den Weihnachtszauber empfindlich stören. Und auch wenn es um die Frage geht, wer denn der geheimnisvolle Geschenkebringer ist, gelten innerfamiliäre Traditionen. Je nach Land und Region ist es jemand anders, der für die Bescherung zuständig ist. In Deutschland sind es Christkind und Weihnachtsmann, die sich das eine oder andere Gebiet für die Geschenkübergabe unter den Nagel gerissen haben – und in manchen Gegenden sind sie auch beide unterwegs, in jeweils anderen Familien. Eine eindeutige geografische Grenze zwischen Weihnachtsmann und Christkind lässt sich nicht ziehen, sie hat eher mit der Verbreitung der evangelischen und katholischen Kirche zu tun: In katholisch geprägten Gegenden kommt in der Regel das Christkind in der Heiligen Nacht, in den evangelischen der Weihnachtsmann.

Das ist im Grunde erstaunlich, denn Reformator Martin Luther hat als Urprotestant das Christkind erfunden, es etablierte sich zunächst als Geschenkebringer in evangelischen Haushalten. Es diente quasi als Gegenspieler zum Nikolaus, denn Luthers Meinung nach sollte Weihnachten der Geschenketag schlechthin sein, mit dem Christkind als Gehilfen, und nicht mehr der Nikolaustag (siehe Seite 96).

Im 19. Jahrhundert kam obendrein der Weihnachtsmann auf den Plan, der sich auf den von den Katholiken verehrten Nikolaus zurückführen lässt (siehe Seite 97). Kurioserweise wechselten um die Jahrhundertwende die Gabenbringer die Seiten: Kinder im überwiegend katholischen Süden und Westen lassen sich seither von Luthers Christkind beschenken, im protestantischen Norden und weniger religiösen Osten bringt der Nikolaus in seiner neuen Gestalt als säkularisierter Weihnachtsmann die Gaben.

Das Christkind hingegen ist alles andere als säkularisiert. Es ist geheimnisvoll, unerklärlich, leise, während der Weihnachtsmann schon mal mit regennassen Stiefeln ins saubere Wohnzimmer rumpelt. Obwohl jeder weiß, wie er aussieht, gibt es vom Christkind kaum Bilder, von denen vom Nürnberger Christkindlesmarkt mal abgesehen, den alle Jahre wieder ein kostümiertes Mädchen mit Wallehaaren eröffnet (siehe Seite 133). Das »echte« Christkind aber kommt heimlich in der stillen Nacht – der vielleicht einzigen Nacht im Jahr, wo es wirklich um Seligkeit, Atmosphäre, Glück, Liebe geht. Der Überlieferung zufolge wirkt es im Verborgenen. Es beschenkt die Menschen, während sie in der Kirche sind. Die Kinder sind ein wenig enttäuscht, weil sie keinen Blick auf den mystischen Besucher werfen konnten – aber darüber trösten die vielen Gaben unterm Weihnachtsbaum weg.

Entspricht nun das Christkind, wie Jürgen sagt, dem Jesuskind? Na ja, ursprünglich wohl schon, im Sinne seines Erfinders: Immerhin sagte Reformator Luther, der Gabenbringer sei allein der »heilige Christ«. Aus diesem hat sich Historikern zufolge das »Christkind« entwickelt, das sich in Darstellungen im Laufe der Zeit immer mehr zu einem engelsgleichen Wesen mit eher weiblichen Zügen entwickelt hat. Dem Jesuskind war es nur noch bedingt ähnlich. Vielleicht lässt sich die Weiterentwicklung des Christkinds sogar mit der Verwandlung vom Nikolaus zum Weihnachtsmann vergleichen. Wer daran glaubt, kann sich jedenfalls

aussuchen, wie er das Wesen sieht, das ein bisschen
Jesus, ein bisschen Engel ist.

GESCHENKT

Wer anderswo die Gaben bringt

Ist das Christkind oder der Weihnachtsmann, ist
Mama oder Papa die Person, die Weihnachten die
Geschenke unter den Baum legt? Das ist eine Fra-
ge, die sich in vielen Ländern gar nicht stellt, denn
vielerorts sind andere Gabenbringer im Einsatz.
Oft gibt es auch gar keine Geschenke an Weih-
nachten, was nicht bedeutet, dass Kinder wie
Erwachsene grundsätzlich leer ausgehen. Sie er-
leben die Bescherung schlicht an einem anderen
Tag. Ein paar Beispiele:

- In **Italien** kommt die Bescherung traditionell
  auf einem fliegenden Besen daher: Am Stiefel
  Europas bringt eine Hexe namens **Befana** die
  Weihnachtsgeschenke – und das erst in der
  Nacht vom 5. auf den 6. Januar. Der Legende
  nach wollte die Hexe zur Geburt Jesu eilen,
  nachdem sie den Stern von Bethlehem entdeckt (oder je nach Überlieferung die Heiligen
  Drei Könige getroffen) hat. Leider musste sie
  noch etwas zu Hause erledigen, weswegen sie
  nicht gleich hinterherkam – und leider fand
  sie den Weg zur Krippe nicht allein. Sie irrte

daraufhin von Haus zu Haus, um den neu geborenen Jesus zu suchen. Weil sie nicht wusste, welches Kind Gottes Sohn war, brachte sie jedem Kind auf ihrer Odyssee ein Geschenk. Inzwischen kommt es allerdings vor, dass sich viele italienische Familien (auch) an Weihnachten beschenken. Gänzlich lässt sich Befana aber von der Konkurrenz, dem Weihnachtsmann alias Babbo Natale, nicht abhängen. Und manchmal kommt es dicker, als man denkt: Die glücklichsten Kinder Italiens kriegen Aufmerksamkeiten von beiden Gabenbringern.

- In **Spanien** sind die **Heiligen Drei Könige** fürs Geschenkebringen zuständig. Das ist logisch: Immerhin haben die Weisen aus dem Morgenland auch dem neugeborenen Jesuskind ihre Gaben gebracht. Vor der Geschenkeübergabe reiten sie in viele Orte mit großem Tohuwabohu ein, auf Pferden oder in Kutschen, manchmal sogar auf Kamelen. Der Einzug von Kaspar, Melchior und Balthasar wird vielerorts sogar zum Volksfest.

- In **Griechenland** geht es bereits am 24. Dezember vergleichsweise ausgelassen zu, dann ziehen Kinder singend und trommelnd durch die Straßen. Geschenke gibt es meist noch keine – die Kinder müssen in der Regel noch bis zur Silvesternacht warten. In dieser breitet der **Heilige Vassilius** vor ihren Betten die Gaben aus. Vassilius war zu Lebzeiten ein wohltätiger Bischof. An seinem Namenstag, dem 1. Januar, gibt es ihm zu Ehren auch einen Kuchen, die Vassilopita, in der – was für eine Bescherung! – eine Goldmünze versteckt ist. Wer sie findet, hat das ganze Jahr über Glück.

- Auch in **Russland** trudeln die Geschenke in der Nacht zum 1. Januar ein. **Väterchen Frost** ist es, der sie bringt. Mit seiner Enkelin Snegurotschka (»Schneemädchen«) kommt er auf einem Pferdeschlitten daher. Er ist ursprünglich eine russische Märchenfigur, die ihre Wurzeln in der slawischen Mythologie hat und für den Winter steht. Väterchen Frost ähnelt dem Weihnachtsmann, er ist ein kräftiger, älterer Herr mit Rauschebart. Sein Pelzmantel ist allerdings nicht immer rot, er kann auch blau sein. Weihnachten wird in Russland allerdings weder von 24. bis 26. Dezember noch an Silvester gefeiert: Die russisch-orthodoxen Christen begehen ihre Feste nach dem julianischen statt dem gregorianischen Kalender, die Geburt Jesu fällt bei ihnen auf den 7. Januar. Heiligabend trägt den Namen »Sochelnik« und findet am 6. Januar statt. Erst um Mitternacht ist die strenge, vierzig Tage während Fastenzeit für strenggläubige Russen vorbei.

20 **VON KUCHEN UND FLUCHEN**

WEIHNACHTSBESUCH IN SCHWIEGERMUTTER-HAUSEN

So besinnlich Heiligabend war, so stressig und hektisch ist der Morgen danach: In aller Früh heißt es im Hause Hollerbach am ersten Weihnachtsfeiertag nämlich: »Raus aus den Federn!«

Gurian staunt über die Hetze, die jetzt herrscht, er ist davon ausgegangen, dass die kompletten Feiertage hindurch Ruhe und Besinnung vorherrschen würden – davon haben ja immer alle gesprochen. Sollte damit jetzt Schluss sein? Weil sie zu Annettes Eltern, den Großeltern der Kinder, fahren würden?

Statt Besinnung ist jetzt jedenfalls bei Annette und Jürgen Hektik bis zur Besinnungslosigkeit angesagt. Sie werfen verpackte Geschenke in Körbe und Koffer, stecken Klamotten von Anzug bis Jogginghose dazu, Spielzeug, Kosmetikartikel – und verfrachten alles ins Auto.

»Du weißt ja, wie wichtig es ihr ist, dass wir es pünktlich zur Ente schaffen ...«, sagt Annette.

Jürgen verdreht die Augen. »Siehst du, sie stressen. Ich hab echt keinen Bock mehr auf all das«, sagt er.

Er würde, wie er Gurian vor ein paar Tagen erzählt hat, lieber zu seinen Eltern fahren. Die seien entspannter als Annettes. Aber der Deal zwischen ihm und seiner Frau, den sie auch allen Verwandten kommuniziert haben, lautet: ein Jahr zu seinen, ein Jahr zu ihren Eltern – dann wissen alle, wie sie dran sind. Früher haben sie zum Fest immer der Reihe nach alle Verwandten abgeklappert, doch das wurde schließlich zum nicht mehr stemmbaren Organisationsaufwand.

Obwohl seine Eltern vergleichsweise entspannt seien, seien sie dennoch traurig, ihre Enkel in diesem Jahr an den Festtagen nicht zu sehen, erzählte Jürgen weiter. Ihm gehe es genauso – gerade weil er seine Schwiegerfamilie als stressig empfindet. Wenn er da Weihnachten nicht zumindest in Anzughose und Hemd erscheint, sei die Stimmung empfindlich gestört. Es laufe für seinen Geschmack zu gediegen dafür ab, dass es sich schlicht um ein vergnügliches Familienfest handeln sollte. Gurian lieh sich nach dieser Offenbarung Anzughose und Hemd von Jürgen aus, was ihm glücklicherweise gut passt – »jedenfalls vor der Ente«, wie Jürgen mit einem Grinsen bemerkte.

All diesen Gepflogenheiten zum Trotz freut sich Gurian auf den Verwandtschaftsbesuch, immerhin handelt es sich bei Annettes Eltern ja um weitere Vorfahren, die er sehr gerne kennenlernen will. Angekündigt ist er natürlich – Annette und auch er selbst haben lange mit ihren Eltern telefoniert, um das Unglaubliche seiner Zeitreise zu erklären. Klar ist es für Gurian spannend, zu sehen, ob er bei Annettes Eltern Ähnlichkeiten zu sich selbst entdecken – und auch, ob er dort andere Alltags- oder Weihnachtstraditionen aus der Vergangenheit kennenlernen würde.

Als alles im Auto verstaut ist, inklusive der gekämmten und gut gekleideten Kinder und Gurian zwischen ihnen auf der Rücksitzbank, steigen auch Annette und Jürgen in den Wagen. Die Stimmung ist immer noch angespannt.

»Es stresst mich einfach«, betont Jürgen noch mal. »220 Kilometer, nur um dann viel zu fett, zu süß und zu viel zu essen und mehr oder weniger unterschwellig Vorwürfe zu kassieren, dass wir uns sonst nie blicken lassen würden.«

»Tun wir ja auch nicht«, sagt Annette. »Aber hey, Weihnachten ist Weihnachten. Und immerhin haben wir es uns erkämpft, Heiligabend allein zu feiern. Das war hart genug für sie.«

»Ja, ja«, sagt Jürgen, seufzt und fährt los. »Es wird schon werden. Muss ja. Wenigstens haben wir kein Schneechaos auf den Straßen.«

»Stimmt«, sagt Annette. »Wobei ich weiße Weihnachten schon schön gefunden hätte, jedenfalls für die Kinder.«

WEISSE WEIHNACHT

Vom Wetterbericht zum Fest

Früher war nicht nur mehr Lametta, früher war auch mehr Schnee zur Weihnacht, oder? Äh – nein. Experten zufolge war das Wetter an den Feiertagen innerhalb der vergangenen 200 Jahre genau wie heute: in vielen Regionen Deutschlands in der Regel nassgrau verschmuddelt. Man muss bis ins 17. und 18. Jahrhundert zurückgehen, um sich recht verlässlich an einer weißen Schneedecke zum Fest erfreuen zu können: Damals herrschte die Kleine Eiszeit. Heute ist es anders, da ist in den meisten tiefer gelegenen Regionen Deutschlands nur alle fünf bis zehn Jahre mit Schnee zum Fest zu rechnen – und das war auch in der Kindheit der Leserinnen und Leser dieses Buches so. Die deutsche Weihnacht ist gemeinhin grün, es sei denn, man feiert auf der Zugspitze mit Schneegarantie zum Fest. Erstaunlich ist, dass die Deutschen Weihnachten im Schnee trotz ihres Seltenheitswerts zum alternativlosen Ideal einer »gelungenen Weihnacht« verklären. Vielleicht wünschen sie sich, dass die Kinder gleich die geschenkten Skier ausprobieren dürfen, genau wie jeder am liebsten gleich am 1. Mai ins eben eröffnete Freibad hechten möchte und enttäuscht ist, wenn es noch bitterkalt ist. Eine historisch-religiöse Erklärung für die Sehnsucht nach der weißen Weihnacht gibt es übrigens nicht, denn bei der Geburt Jesu in Palästina dürfte mit größter Wahrscheinlichkeit (auch) kein Schnee gelegen haben.

Gurian wundert sich dennoch, dass sich Annette und Jürgen den Verwandtenbesuch antun wollen,

obwohl sie offenbar komplett andere Vorstellungen von harmonischen Weihnachten haben.
»Eins verstehe ich nicht«, sagt er. »Ihr habt keine Lust, an diesem tollen Fest durch die Gegend zu fahren und Dinge zu tun und zu essen, die nicht so richtig gut für euch sind – warum macht ihr es dann?«

»Weil wir müssen«, sagt Jürgen knapp.

Gurian fühlt sich schlecht. Machen sie das ihm zuliebe? »Bitte, macht es nicht wegen mir«, sagt er. »Stoppt sofort. Ich kann sicher in den nächsten Tagen auch mal auf eigene Faust hinfahren! Vermiest euch doch euer Weihnachtsfest nicht, nur damit ich meine Ahnen kennenlerne ...«

Annette dreht sich um. Jetzt lächelt sie.

»Ach Gurian, du bist ja süß. Das hat aber wirklich rein gar nichts mit dir zu tun.«

»Warum macht ihr es dann?«, fragt er.

»Gurian, dass man seine Familie an Weihnachten besucht – das ist Gesetz«, sagt Annette. »Aber keine Sorge: Wir werden Omas Ente und ihren Kuchen letztlich sehr genießen.«

O du Peinliche

Für manche ist es der Höhepunkt des Jahres, an Weihnachten in die Heimatstadt zu fahren – denn da ist alles wie früher. Es gibt im Schatten des traditionell geschmückten Weihnachtsbaums in Omas Wohnzimmer erst Ente, dann Torte, dann Plätzchen, dann Wurstplatte, und währenddessen wird über Onkels Witze gelacht und Eierlikör konsumiert.

Manche wiederum überfällt das pure Grauen, wenn sie Weihnachten nach Hause fahren – denn da ist alles wie früher. Es gibt direkt neben dem traditionell geschmückten Weihnachtsbaum in Omas Wohnzimmer erst Ente, dann Torte, dann Plätzchen, dann Wurstplatte, und währenddessen wird der erwachsene Enkel vom Großvater bevormundet, als wäre er störrische 7, der Onkel protzt mit seiner Karriere, Oma wühlt heimlich im Koffer der angereisten Verwandten, und alles zusammen ist Stress pur, für den Magen ebenso wie für die Seele.

Nicht hinzufahren ist dennoch häufig keine Option: Für viele Menschen ist es Gesetz, Weihnachten »nach Hause« zu fahren, unabhängig davon, ob sie das Fest dort lieben oder nicht. Sie tun es, weil sie es sich nicht anders vorstellen können, aus schlechtem Gewissen den Verwandten gegenüber oder aus mangelnder Fähigkeit, sich unabhängig zu machen. Und vielleicht spüren auch die, die die Familienfeier grundsätzlich nicht mögen, den Geist der Weihnacht, den Wert der Familie, die letztlich doch zu einem hält wie niemand sonst, die zeitlose Atmosphäre rund um Omas Baum und ihre aufwendige Krippe – und halten dadurch Spannungen und Spitzen irgendwie aus. Wird es dann garstiger, geht auch Abhauen: in die Kneipe, die es bereits seit Schulzeiten gibt und wo verschollen geglaubte Schulfreunde sitzen, die sich dort genauso vom elterlichen Weihnachtsgestresse erholen wie man selbst. Den Weihnachtstag inmitten der Erinnerungen an die Jugendzeit mit einem Cocktail ausklingen zu lassen – das wird manchmal als genauso feierlich wie das *Stille Nacht* in der Kirche empfunden.

Schwieriger gestaltet sich all das, wenn neben der eigenen auch die Schwiegerfamilie in die Planungen verstrickt ist. Wie kriegt man die Angehörigen des Lebenspartners zeitlich unter, die möglicherweise am anderen Ende Deutschlands wohnen? Wie entscheidet man, wer wann zu wem fährt? Ist es eine Lösung, wenn sich Paare an Weihnachten trennen und jeder bei den Seinen vorbeischaut? Aber was, wenn man das nicht möchte?

Vielleicht ist es möglich, es wie die Hollerbachs zu machen: Ein Jahr sind die Eltern des einen dran, im nächsten Jahr die anderen? Und vielleicht können die, die leer ausgegangen sind, zeitnah besucht werden – aber eher ein paar Tage später und nicht gleich zum Nachtisch nach der Festtagsente? Und dann gelingen solche Kompromisse doch nicht, denn das Gewissen und die Sehnsucht nach der eigenen Verwandtschaft melden sich. Und folgende Gedanken: Wie lange lebt die Oma noch, sollte man nicht doch zu ihr fahren? Kann ich den Kindern in diesem Jahr Onkel Eduard vorenthalten, der doch immer die dicksten Geschenke macht? Aber es hilft ja nichts. Wie im Leben das ganze Jahr über gilt auch Weihnachten, dass man es nie allen recht machen kann. Ein paar Kompromisse sollten dennoch weiterhelfen.

Kompromisse könnten übrigens auch beim Ablauf des Familienfestes zuträglich für die Stimmung sein: Wenn sich die jungen Leute etwas festlich kleiden und statt der knallroten Löcherjeans zumindest die schwarze anziehen – dann ist die Großmutter etwas milder gestimmt. Wenn die Familie pünktlich zur Ente anreist, die immerhin stundenlang vorbereitet wurde – dann freut sich der Koch. Wenn es in der Schule gerade nicht so gut läuft, muss das nicht an der Festtagstafel ausdiskutiert werden – und dass Tante Erika irgendwie rundlicher um die Hüften aussieht als wenige Monate zuvor, geht auch keinen anderen etwas an.

Wenn sich allerdings die Angehörigen nicht an diese Regeln halten und es schlimm und schlimmer wird, hilft ein tiefer Blick in Omas Eierlikörflasche, denn: Mit Likör ist nichts zu schwör. Der Gedanke, dass nur noch kurze Zeit ausgeharrt werden muss – und es dann erst in einem Jahr wieder so weit ist oder in zweien, lässt den Tag im Zweifel ebenfalls würdevoll vorüberziehen.

Was übrigens sinnvoll sein kann, um alles und alle unter einen Hut zu kriegen: Man könnte die gesamte Sippe mütter- und väterlicherseits einladen und den Heimvorteil genießen, der sonst vor allem Omas und Opas vorbehalten ist. Das Argument, mit kleinen Kindern nicht quer durch die Republik kreuzen zu wollen, könnte funktionieren, um alle anderen zum Fahren zu bewegen. Der Nachteil: Man ist selbst dran mit Aufräumen, Putzen, Dekorieren und Festmahlauftischen, damit, die Leute wegen ihrer Unpünktlichkeit zu ermahnen und genervt zu sein, weil sie nicht schick genug sind. Ob das besser ist? Schwierig!

BULLSHIT-BINGO

Kaffeetafel bei Oma

»Mein Gott, wie die Zeit vergeht!«	»Milch und Zucker?«	»Opa, das hast du schon mal erzählt.«	»Zappel nicht so rum!«
»Soll ich noch einen Kaffee durchlaufen lassen?«	»Isst du das noch auf?«	»Keinen Kaffee mehr, sonst kann ich nicht schlafen.«	»Ich will ein Eis!«
»Schnäpschen?«	»Bleibt ihr noch zum Abendessen?«	»Kennst du Horst Bauer? Der ist gestorben. Mein Jahrgang.«	»Aber bitte mit Sahne!«
»Bleib sitzen, Oma!«	»Dürfen die Kinder noch ein Eis?«	»Noch ein schmales Stückchen?«	»Und wann kommt Ihr wieder?«

21 ENTE GUT, ALLES GUT

VOM FESTTAGSGELAGE

Gurian staunt. Am Abend zuvor hat es bei Holler-bachs mit Würstchen und Kartoffelsalat ein ver-gleichsweise spartanisches Mahl gegeben – aus-gerechnet an Heiligabend! Merkwürdig, dass sie sich und die Kinder an dem Abend, an dem die Geburt Christi gefeiert wird, mit etwas abspeisen, was ihnen etwa an normalen Sams- und Sonntagen niemals auf den Tisch käme: Da heißt es immer, sie wollen »Sonntagsessen« haben. Und jetzt wie-derum, am ersten Weihnachtsfeiertag, der krasse Gegensatz zu gestern: Da steht bei Oma Trude so viel Essen auf dem Tisch, dass er durchzubrechen droht.

»Wenn Oma kocht, gibt es immer Salat. Na ja, und als Beilage Festtagsbraten, Kloßberge, Kuchen, Eisbecher mit Eierlikör«, witzelt Jürgen.

Gurians Augen quellen über, als er die zwei Sorten Klöße in zwei riesigen Schüsseln auf dem Tisch stehen sieht, nebst einer Schüssel mit Rotkohl, einer dunklen Soße in einer Sauciere – und als Höhepunkt in der Tischmitte den auf einem Tablett drapierten Entenbraten, umrahmt von Zwiebel- und Apfelscheiben. Beeindruckend! An jedem Platz steht außerdem ein großer Teller mit je einer grünen Serviette, die zu einem Weihnachtsbaum gefaltet wurde. Die Erwachsenen trinken Rotwein, für die Kinder gibt es Limonade, Saft und sogar Cola, die sie sonst nicht bekommen. Am Nebentisch warten schon drei Teller mit Plätzchen, Lebkuchen und Schokolade auf ihren Einsatz, und vorhin hatte Gurian in der Küche bereits eine Torte mit Eierlikör und einen Apfelkuchen herumstehen sehen. Was für ein Gelage!

»Danke, Trude, dass ich das erleben darf«, sagt er zu Oma Trude, die fast so aussieht wie Annette, nur dass sie im Vergleich zu ihrer Tochter deutlich mehr Kilos auf den Rippen und deutlich mehr Falten im Gesicht hat. Trude ist aber auch 28 Jahre älter als Annette, und wenn es öfter solche Köstlichkeiten aus ihrer Küche gibt, wundert es ihn nicht, dass sie die auch gerne verputzt. Ihm läuft jedenfalls das Wasser im Mund zusammen.

»Und ich freue mich, dass wir dich kennenlernen dürfen«, sagt Trude. »Das ist eine große Ehre – wer hat schon die Chance, einen Blick in die Zukunft werfen zu dürfen? Zu wissen, dass es unsere Familie auch in 200 Jahren noch gibt, dass sie bis dahin nicht ausstirbt – das gibt meinem Leben einen ganz neuen Sinn!«

Gurian umarmt sie spontan. »Ich freue mich auch. Zu sehen, dass ihr so zusammenhaltet, zusammen feiert – ehrlich, ich wünschte, ich könnte das in der Zukunft auch haben.«

»Wenn du magst, gebe ich dir gern das Entenbratenrezept mit, dann kannst du es für deine Verwandten zubereiten«, sagt Oma Trude und fragt hoffnungsvoll: »Oder hast du es vielleicht schon? Vielleicht wurde es ja durch die Generationen vererbt? Das war, was ich mir immer gewünscht hätte ...«

Gurian schüttelt bedauernd den Kopf. »Da wir kein Weihnachtsfest feiern, bereiten wir auch kein solch üppiges Festmahl vor. Zu Halloween, unserem wichtigsten Fest, gibt es nur ein lustiges Büfett, zu dem jeder etwas beisteuert«, sagt er. »So eine Tafel, zu der die ganze Familie festlich gekleidet erscheint, bei der sich jeder Mühe gibt und für die so aufwendig gekocht wird – das kennen wir nicht.«

Oma Trude sieht ihn mitleidig an.

»Aber dein Rezept nehme ich gerne mit«, sagt Gurian. »Ich verspreche dir sogar, dass ich jedes Jahr am 25. Dezember den Entenbraten kochen und an dich und euch denken werde. Und wenn ich mal Kinder habe, werde ich ihnen das auch beibringen.«

Da strahlt Oma Trude. »Das würde mich sehr stolz machen«, sagt sie.

Als sie alle an der Tafel sitzen und schmausen, ist Gurian glückselig. Er fühlt sich sehr wohl im Kreise der Menschen, die mit ihm verwandt sind und nur nicht zur selben Zeit wie er leben. Zeitlos köstlich findet er die Ente in Kombination mit dem Rotkohl und den verschiedenen Klößen. Es mundet besser als alles, was er kennt: königlich! Wie er später noch Plätzchen, Torte und weiß der Geier, was sonst noch essen soll – das ist ihm allerdings unklar.

Als alle gemeinsam das benutzte Geschirr in die Küche tragen, fragt er Jürgen im Vorbeigehen: »Warum habt ihr gestern eigentlich so wenig gegessen, und warum gibt es heute so unendlich viel? Habt ihr gestern extra gefastet, um heute zuschlagen zu können? Ist Heiligabend ein Fastentag bei euch?«

Jürgen grinst. »Nur weil dir Kartoffelsalat und Würstchen nicht schmecken, hat das nichts mit Fasten zu tun, oder?«

Gurian stottert. »Nein, äh, so ist es nicht. Ich mag Würstchen. Aber ... es war einfacher als heute – und ich dachte, Heiligabend ist doch der Auftakt von Weihnachten? Und ihr esst sonst ja auch jeden Samstag und Sonntag so tolle Gerichte. Deshalb fand ich ...«

Jürgen grinst und sagt: »Schon gut, ich ärgere dich nur. Und nein, ein Fastenessen sind Würstchen nicht gerade, wir haben auch keine Diät gehalten gestern. Aber soll ich dir was verraten?«

»Ich bitte darum«, sagt Gurian.

»Annette ist deutlich entspannter, wenn ich ihr klarmache, dass ich Würstchen an Heiligabend super finde. Bei allem, was wir an dem Tag zu tun haben, von Putzen über Aufräumen hin zum Dekorieren, von Geschenkeverstecken über Kirche hin zur Bescherung, würde es das Fass zum Überlaufen bringen, wenn wir auch noch ewig in der Küche stehen müssten.« Damit die Stimmung einigermaßen gut bleibe und es nicht noch gehetzt zugehe, verzichte er an Heiligabend gern auf ein Festmenü und esse stattdessen Würstchen. Auch weil er wisse: An den beiden folgenden Tagen gehe kulinarisch gesehen noch einiges.

»Sag Annette aber bitte nichts davon«, sagt Jürgen. »Sie soll weiter denken, dass ich das weihnachtliche Würstchenessen aus Traditionsgründen fortführen will.«

Gurian grinst. Jürgen redet weiter: »... aber ich glaube, Annette fand es gestern auch ganz gut, dass du ein bisschen fastest, bevor es zum Braten ihrer Mutter geht.« Dann grinst er frech und boxt Gurian neckisch in den vollgefutterten Bauch.

O du Peinliche

Während sich manche Familien an Heiligabend genau wie an den beiden folgenden Weihnachtsfeiertagen ein opulentes Festessen gönnen, begehen andere den 24. Dezember, kulinarisch gesehen, minimalistisch: Jeder zweite bis dritte Deutsche genehmigt sich und der Familie dann lediglich eine Schüssel Kartoffelsalat und ein Paar Würstchen. Wie dieses unspektakuläre Mahl zur Weihnachtstradition werden konnte – das ist nicht eindeutig nachvollziehbar. Dass Gurian Heiligabend für einen Fastentag und die Würstchen für eine Fastenspeise gehalten hat, ist mit Blick auf die Geschichte allerdings gar nicht so absurd, wie es in der heutigen Zeit wirken mag. Heute stellt der gesamte Advent inklusive der Weihnachtstage eine nicht enden wollende Völlerei dar, doch früher galt er, wie es ausführlicher auf Seite 33 beschrieben ist, als

Fastenzeit, die auch den 24. Dezember umfasste. Dies könnte einerseits der Grund für den Brauch sein, nur ein einfaches Mahl zum Weihnachtsauftakt aufzutischen – andererseits gehen Würstchen eher nicht als Fastenspeise durch, sie sind weder vegetarisch noch aus Fisch, und reichlich Fett enthalten sie auch.

Warum also haben sie es auf den weihnachtlichen Speiseplan geschafft? Weil an Heiligabend teilweise noch gearbeitet wird, häufig bis mittags, und anschließend neben Putzen, Baumschmücken, Geschenkeverpacken und Kirchgang die Zeit für stundenlanges Kochen fehlt? Stimmt vielleicht teilweise, aber traditionell gab es statt der Würstchen früher häufig Fisch mit Kartoffelsalat, bevorzugt Karpfen, der erst gewässert, geschlachtet, entschuppt, ausgenommen und schließlich zubereitet werden musste. So viel Zeit nahmen sich die Köche der Familien immer, trotz der vielen anderweitigen Aufgaben, die zu erledigen waren. Der Stress an Heiligabend sollte also kein Hauptgrund dafür sein, dass es inzwischen oft nur noch um die Wurst geht. Gegen diese These spricht auch, dass die Deutschen hinsichtlich des Weihnachtsessens keine weiteren Stressvermeidungsalternativen einplanen: Zumindest ist es für 43 Prozent der Deutschen undenkbar, an Heiligabend oder den Feiertagen ins

Restaurant zu gehen. Weitere 29 Prozent würden es »eher nicht« tun. Das ergab eine repräsentative Umfrage des Meinungsforschungsinstituts YouGov im Auftrag der Deutschen Presse-Agentur aus dem Jahr 2018. Ein weiterer Grund für den Siegeszug der Wurst auf deutschen Weihnachtstafeln mag sein, dass das vergleichsweise einfache Essen an die Not von Maria und Josef in der Nacht von Christi Geburt erinnern soll – und wahrscheinlich ist, dass das Zusammenspiel all dieser Gründe die Tradition gefestigt hat.

Vermutlich sind darüber viele Kinder in deutschen Familien dankbar, denn mögen sie wirklich raffiniert gewürztes Geflügel lieber als eine Wurst, an die sie selbst an Weihnachten etwas Ketchup mogeln können? Vermutlich nicht. Überhaupt haben sie Heiligabend möglicherweise keinen Sinn fürs Essen, zwischen all den Geschenken, dem faszinierenden Christbaumschmuck und der Aufregung. Ein üppiges Essen dürfte mehr gewürdigt werden, wenn es am ersten und/oder zweiten Weihnachtsfeiertag aufgetischt wird – dann, wenn sich alle an den Weihnachtstaumel gewöhnt haben und Playmobil-Schloss sowie Ninjago-Drache längst mit zahllosen Prinzessinnen und Kämpfern bevölkert sind.

Während es Heiligabend also um die Wurst geht, scheinen viele an den beiden folgenden Weihnachtsfeiertagen ums Überleben zu kämpfen: Da wird gevöllert, wie Gurian bemerkt, als gäbe es kein Morgen. Menschen, die das ganze Jahr über vegan leben, intervallfasten und Kohlenhydrate zu Todfeinden erklären, futtern dann Gans, Ente, Raclette, Fondue, ein gutes Steak, Schweinsbraten – oder auch alles zusammen. Dass es bevorzugt die Gans ist, die auf den Tisch kommt, liegt übrigens an einer katholischen Tradition: Die schon beschriebene adventliche Fastenzeit sollte in früheren Zeiten enden, wie sie begonnen hat – und dauerte daher von Martins- bis Weihnachtsgans. Beide kulinarischen Highlights blieben als Tradition bestehen, obwohl sie keinen Rahmen mehr für eine entbehrungsreiche Zeit bilden müssen.

Es lässt sich erahnen: Insgesamt essen die Deutschen an den Weihnachtstagen zu viel und zu süß. Das zeigt eine weitere Umfrage aus dem Jahr 2018 von YouGov, derzufolge eine Mehrheit von 54 Prozent der Erwachsenen in Deutschland an Weihnachten nach eigener Einschätzung mehr Süßes als sonst nascht, 16 Prozent von ihnen sogar »deutlich mehr«. Dass er an Weihnachten so viel und so ungesund isst wie sonst nie, erklärte jeder vierte Erwachsene in Deutschland. Um Alkohol geht es dabei übrigens nicht immer: 42 Prozent gaben an, ungefähr gleich viel zu trinken wie sonst auch, ein

Viertel aber trinke mehr. Interessant auch, was der Deutschlandtrend im ARD-*Morgenmagazin* vom 14. Dezember 2018 berichtete: Zwei Drittel der Deutschen futtern an Weihnachten ohne schlechtes Gewissen, ein Drittel behält auch über die Feiertage die Waage im Blick.

22 IST ES TAT-SÄCHLICH ... LIEBE?

HELENE UND DAS FERNSEHEN AN DEN FEIERTAGEN

»Baum, Ente, Helene Fischer – so hört sich mein persönlicher Weihnachts-Dreiklang an«, sagt Oma Trude, während sie den Fernseher anstellt. »So ist das Fest perfekt.«

Die ganze Verwandtschaft sitzt dicht an dicht in ihrem Wohnzimmer, vor ihnen flimmert das Intro zur *Helene Fischer Show* über den Bildschirm. Gurian hat den Eindruck, dies gehöre genauso selbstverständlich zum Ablauf des 25. Dezember dazu wie der Besuch der Messe zum 24. Dezember – zumindest stellte niemand das Fernsehprogramm infrage, wie es sonst Tag für Tag der Fall ist, jedenfalls bei Annette und Jürgen zu Hause.

»Meiner auch«, sagt Jürgen und lehnt sich mit einem zufriedenen Seufzen zurück. Gebannt sieht er der Dame zu, die im Verlauf der Sendung ständig die Outfits wechselt und tanzt, singt und tratscht, als hinge ihr Leben davon ab. Annette witzelt, die Klamotten Helene Fischers seien wie Adventskranzkerzen: unterschiedlich lang.

»Um eine fromme Helene scheint es aber nicht zu gehen«, sagt Gurian und erwartet, dass in wenigen Momenten das knappe Kleid hochrutscht und den Po der Lady entblößt, so akrobatisch, wie sie sich beim Tanzen verrenkt.

»Na ja, sie muss ja nicht fromm sein«, sagt Jürgen. »Ihre Klamotten sind auch nicht für den Weihnachtsgottesdienst gedacht. Helenes Sendung ist keine Weihnachtsshow – es ist eine Show an Weihnachten. Die wir offenbar alle lieben ...« Wie Gurian ihn einschätzt, dürfte er ebenso gespannt wie er auf ein Klamotten-Malheur warten.

Es erstaunt Gurian, dass die gesamte Familie offenbar Spaß an der Show von Helene Fischer hat, die ihm ein bisschen zu perfekt daherkommt, wie ein unnahbarer Musical-Star. Die Gespräche, die sie mit ihren Gästen führt, sind ihm zu seicht, zu unkritisch. Er ist gerade ganz froh, dass es nicht jede Tradition in die Zukunft geschafft hat: Ihn beeindruckt das, was diese unfromme Helene bietet, nicht wirklich – auch wenn sie ganz hübsch anzusehen ist. Dass jetzt alle diese seiner Meinung nach drittklassige Show ansehen, das passt für ihn nicht als Abschluss dieses großartigen Festtages voller Familie, Wohlbehagen, gutem Essen, guter Gespräche.

Annette stichelt, obwohl sie den Blick nicht von Helene Fischer abwendet: »Um ehrlich zu sein, würde ich jetzt lieber *Tatsächlich... Liebe* schauen oder einen anderen Film. Sogar *Sissi* wäre mir lieber, das würde Sophie vielleicht auch gefallen. Die Fischerleni-Show könnte doch genauso gut an Halloween laufen, stimmt's, Gurian?«

»Pssst«, unterbricht Oma Trude. »Ich will das hören.«

Gurian wundert sich noch mehr. Den ganzen Tag über sagten seine Verwandten Sätze wie: »Endlich sitzen wir alle gemeinsam am Tisch, schön ist das, legt doch mal das Handy weg, es ist Weihnachten.« Und dann hocken alle vor dieser seichten Show, machen »psssst«, sobald jemand reden will, und kriegen beim Anblick dieser Helene leuchtende Augen, als wäre sie das Christkind höchstpersönlich?

O du Peinliche

Das Fernsehverhalten der Deutschen hat sich spätestens seit der Existenz von Mediatheken, Youtube, Netflix und Amazon Prime stark geändert. Wurden früher *Wetten, dass..?* oder *Verstehen Sie Spaß?* von fast allen kollektiv und zum selben Zeitpunkt geschaut, so geschieht dies heute nur noch bei Highlights wie der Fußball-Weltmeisterschaft, dem Eurovision Song Contest oder – es ist wirklich wahr – der *Helene Fischer Show* am ersten Weihnachtsfeiertag. Seit 2011 schwirrt die Russlanddeutsche weihnachtsengelsgleich ebenso wie rockerbrautmäßig über die Bildschirme der Republik und ist schlichtweg nicht mehr wegzudenken, was die TV-Quoten belegen: Im Schnitt sahen ihr im Jahr 2018 5,73 Millionen Menschen zu. Das entspricht einem Marktanteil von 19,5 Prozent. Ein Fünftel aller, die am ersten Weihnachtstag 2018 am Abend fernsahen, schauten Helene Fischer.

Warum? Weil die Menschen vielleicht denken, dass sie die Weihnachtsente besser verdauen, wenn Helene Fischer Sport macht? Oder weil sie sich so freuen, dass da endlich mal wieder Promis in einer Show zu Gast sind, wie früher bei *Wetten, dass..?*? Wobei man hier wissen muss: Trotz der Promis, die zu sehen sind, geht es immer um Helene, den Oberpromi. Jeder Star steht immer nur neben ihr auf der Bühne, er oder sie singt mit Helene im Duett, und irgendwie stiehlt sie ihm oder ihr letztlich doch immer die Show – egal ob es Kiefer Sutherland, Eros Ramazzotti, Maite Kelly oder Ben Zucker ist.

Irgendwie ist es immer gleich bei Helene, berechenbar wie das *Stille Nacht* in der Kirche – und dann ist es doch mal anders. Etwa 2014, als Udo Jürgens in ihrer einige Wochen vorher aufgezeichneten Show zu sehen war. Er war inzwischen tot, am ersten Weihnachtsfeiertag konnte man posthum seinen letzten Auftritt sehen.

2018 gab es andere Schlagzeilen, wenige Tage vor dem Fest wurde Helenes Trennung von Schlagerkönig Florian Silbereisen bekannt. Klar warteten die Fernsehzuschauer auf ein Duett mit Helenes Neuem – dem Tänzer Thomas Seitel. Doch vergebens.

Wer enttäuscht davon ist, könnte sich darauf besinnen, dass noch andere Angebote des Weihnachtsprogramms zur Fernsehtradition der Deutschen gehören. Es gibt Filme, die wie die *Helene Fischer Show* nicht gerade weihnachtlich daherkommen, aber – warum auch immer – untrennbar mit dem Fest verbunden sind. Dazu gehört auch das Märchen *Drei Haselnüsse für Aschenbrödel*, das gefühlt schon vor der Erfindung des Fernsehens in den weihnachtlichen Wohnzimmern zu Gast war – und für das jedes Jahr einige Sendetermine reserviert sind. Genauso zählen die *Sissi*-Filme mit Romy Schneider als österreichische Kaiserin zum Inventar des Fests sowie *Die Feuerzangenbowle* mit Heinz Rühmann – auch ohne Weihnachtsbezug.

Daneben gibt es Filme als Weihnachtsklassiker, die das Fest sehr wohl thematisieren – jedenfalls mehr oder weniger. *Tatsächlich... Liebe* ist so ein Must-See aus dem Jahr 2003, das mit viel Herzschmerz Liebesgeschichten von Menschen im London der Vorweihnachtszeit erzählt. So schön!

Für Kinder gehören etwa die Animationsklassiker *Arthur Weihnachtsmann* oder *Der Polarexpress* dazu. Schade ist wiederum, dass das ZDF die Tradition der Weihnachtsserien für die ganze Familie nicht fortgeführt hat. 1979 bis 1995 wurden alle Jahre wieder wertige Sechsteiler gezeigt, etwa *Timm Thaler* mit Tommi Ohrner, der 1979 sein Lächeln verkauft hat, 1981 *Silas* mit Patrick Bach und 1987 *Anna* mit Silvia Seidel, die dafür gesorgt hat, dass die Ballettschulen der Republik in den Folgejahren keine Nachwuchssorgen hatten. Die einzige Weihnachtsserie, die es heute noch gibt, läuft seit dem Jahr 2000 auf KiKa mit dem Sack des Weihnachtsmanns namens Beutolomäus als Hauptfigur.

Worauf sich Cineasten an Weihnachten wirklich freuen können, sind die TV-Premieren von Kinofilmen, die zum Fest gerne mal aus dem Sack gelassen werden. Man könnte das durchaus auch als Geschenk der Fernsehsender interpretieren – was dann ja auf jeden Fall irgendwie weihnachtlich ist. Und mal ehrlich: Sich nach gesprächsintensiven Feiertagen einfach vor die Glotze zu setzen und sich berieseln zu lassen, das ist herrlich, oder?

23 GOLD, WEIH-RAUCH UND MYTHOS

MAGISCHER BESUCH AUS DEM MORGENLAND

Am 6. Januar haben die Hollerbachs Weihnachten und Silvester verdaut. Für Gurian war es spannend zu sehen, mit welchem Krach die Menschen das neue Jahr begrüßen. Silvester ist tatsächlich ruhiger in der Zukunft; diese Schießerei um Mitternacht würde in seiner Zeit wohl mit Krieg verwechselt und nicht toleriert werden. Alten, Kranken, Kindern und Tieren dürften diese Feuerwerke Angst einjagen und der ohnehin mehr als belasteten Umwelt sehr schaden. Warum nehmen das die Menschen in der Vergangenheit in Kauf? Aber vermutlich werden sie es aus den genannten Gründen auch abschaffen und im Laufe der Zeit einen stilleren Jahreswechsel installieren.

Um Mitternacht ist er sentimental geworden, denn auch in der Zukunft ist inzwischen ein Jahr vergangen. Was er dort wohl verpasst hat während der vergangenen zwei Monate? Na, er wird es bald erfahren, noch ungefähr vier Wochen, dann geht es zurück. Die Hollerbachs aus der Vergangenheit, die wird er schmerzlich vermissen. Dabei weiß er, dass es ein enormes Privileg ist, dass er sie überhaupt kennenlernen durfte – er wird sie für immer im Herzen tragen.

Gurian genießt es sehr, dass heute zum Abschluss der Weihnachtsferien der Kinder ein Feiertag ist und alle zu Hause sind. »Dreikönigstag« sagen die Hollerbachs zum heutigen Datum, an dem offenbar der Männer gedacht wird, die Jesus nach dessen Geburt Geschenke gebracht haben. Es ist gemütlich. Annette liegt in der Badewanne, Jürgen spielt mit den Kindern das lustige Spiel *Schnappt Hubi*, und Gurian liest in den Zeitungen der vergangenen Tage. Beim Blättern wundert er sich immer noch, wie die Leute diese Massen an Papier bändigen und warum sie sich nicht allesamt lieber auf ihren Tablets informieren. Als es an der Tür klingelt, bittet Jürgen: »Gurian, schaust du mal?«

Gurian geht zur Tür und öffnet sie. Vor ihm stehen verkleidete Kinder mit Turban und Papierkronen auf den Köpfen, eins hat schwarze Farbe im Gesicht, eins trägt einen Stern, der an einem Stab befestigt ist, und ein anderes schwenkt eine silberne Dose an einer Kette, aus der Rauch aufsteigt. Was machen die denn hier? Feiern die Kinder heute Halloween nach?

»Drei Könige wandern aus Morgenland,

Ein Sternlein führt sie zum Jordanstrand,

In Juda fragen und forschen die drei,

Wo der neugebor'ne König sei«, sagen sie wie aus einem Mund.

Gurian blickt sie entgeistert an, und dann merkt er, dass der Rauch aus der Dose ins Haus zieht. Schnell schließt er die Tür vor den Nasen der Kinder und ruft: »Sorry, wir haben einen Rauchmelder!«

»Wer war das?«, fragt Annette, die gerade im Bademantel aus dem Badezimmer kommt.

»Eine Horde Kinder, die einen auf Halloween macht – oder ach, ist heute schon Karneval? Ich hab jedenfalls flugs die Tür zugemacht, die hatten so eine rauchende Dose dabei, und das ist alles hier reingezogen ...«

»Gurian, das sind die Sternsinger, die Heiligen Drei Könige«, sagt Annette. »Mach schnell wieder auf und gib ihnen etwas, zehn oder 20 Euro und ein paar Süßigkeiten.« Und dann ruft sie Jürgen und die Kinder, damit sie auch zur Tür kommen.

Gurian ist verblüfft. »Das waren mehr als drei«, murmelt er nur, macht aber wieder die Tür auf und bittet die Kinder, die schon auf den Weg zum Nachbarhaus sind, zurückzukommen.

Dann steckt er zehn Euro in ihre Spendendose, woraufhin sich der größte der Könige streckt und mit Kreide Buchstaben und Zahlen an den oberen Türstock schreibt.

»Das hat sicher einen Sinn«, flüstert Gurian in Jürgens Ohr.

»So ist es«, antwortet dieser. »Jetzt ist unser Haus gesegnet.«

»Gesegnet«, wiederholt Gurian und wundert sich einmal mehr über die Bräuche aus der Vergangenheit.

O du Peinliche

Der hohe Besuch dient einem guten Zweck: Als Heilige Drei Könige verkleidet ziehen jedes Jahr um den 6. Januar herum Kinder und Jugendliche von Haus zu Haus, um (meist) für die Entwicklungshilfe Geld zu sammeln. Dahinter steckt das Kindermissionswerk, das Kinderhilfswerk der katholischen Kirche in Deutschland. Meist sind die Nachwuchskönige in örtlichen Pfarrgemeinden engagiert – als Ministranten oder als Mitglieder eines Kinderkirchenchors etwa. Startschuss der jährlichen Sternsingeraktionen ist in der Regel jeweils eine sogenannte Aussendungsfeier in der Kirche. Die verkleideten Könige ziehen anschließend in Gruppen los, einen Stern, ein Weihrauchfass und ein Gedicht im Gepäck, außerdem eine Sammelkasse für Geld- und einen Beutel für Süßigkeitenspenden. Es kann auch sein, dass Kinder oder Jugendliche in Eigenregie und ohne kirchlichen Background losziehen. Wer sicherstellen will, dass die Spende tatsächlich dem guten Zweck dient, kann nachfragen, ob die Könige zur Kirchengemeinde gehören – manche Sternsinger können sich ausweisen. Die Sternsinger sind die größte Solidaritätsaktion von Kindern für Kinder weltweit. Seit 1959 haben sie eine Milliarde Euro gesammelt. Mehr Informationen zum Kindermissionswerk gibt es im Internet auf www.sternsinger.de.

Im Tausch für die Geldspende gibt es Segen. Bevor sie sich verabschieden, schreiben die Heiligen Drei Könige Buchstaben und Zahlen an die Türstöcke. 2020 lauten diese: »20*C+M+B+20«. Während die beiden Zwanziger eindeutig für das aktuelle Jahr stehen, können die Buchstaben zweifach gelesen werden: einerseits als Initialen der Könige Kaspar, Melchior und Balthasar, andererseits als *Christus mansionem benedicat*, was »Christus, segne dieses Haus« bedeutet. Der Brauch, dass Sternsinger von Haus zu Haus ziehen, geht ins 16. Jahrhundert zurück.

Nach Jesu Geburt sollen die Könige Kaspar, Melchior und Balthasar neben den Hirten die ersten Besucher des neugeborenen Kindes gewesen sein. Als sie einen Stern aufgehen sahen, der die Geburt des Königs der Juden ankündigte, machten sie sich auf den Weg nach Bethlehem. Zuerst gelangten sie nach Jerusalem, wo ihre Botschaft König Herodes – gelinde gesagt – beunruhigte: Er ließ daraufhin alle neugeborenen Kinder der Gegend töten. Der Stern führte die Könige schließlich als Wanderstern weiter zur Krippe in Bethlehem. Dort knieten sie vor dem Kind, das sie als den Messias erkannten, huldigten ihm und beschenkten ihn mit Gold, Weihrauch und Myrrhe.

WEIHRAUCH STATT WINDELN?

Die Geschenke der Könige

Während sich Neugeborene in den ersten Lebensmonaten vermutlich am meisten über Rasseln,

Mobiles oder Bernsteinketten freuen, die gegen das Zahnen helfen sollen, bekam das Jesuskind Gold, Weihrauch und Myrrhe. Was es damit auf sich hat? Nun ja: Gold gilt als angemessenes Geschenk für einen König. Weihrauch und Myrrhe wiederum zählten zur Zeit Jesu zu den bedeutendsten Arzneimitteln und waren kostbar. Weihrauch galt als reinigend. Wenn in einem Raum geräuchert wurde, nahm man an, dass er hinterher sauber war. Die katholische Kirche nutzt den Rauch bis heute in dieser Funktion. Wissenschaftlich belegt ist diese Wirkung allerdings nicht, sie ist eher als Symbol für die in den Himmel aufsteigenden Gebete zu werten. Myrrhe desinfiziert und gilt als blutungsstillend. Heute wird Myrrhe in der Medizin verwendet, um Haut- und Schleimhautentzündungen zu heilen, etwa im Mund- und Rachenraum.

Was viele an dieser Stelle überraschen dürfte: In der Bibel steht fast nichts über die Könige, bei drei der vier Evangelisten finden sie nicht statt, und auch bei Matthäus ist etwas anderes nachzulesen als das, was wir alle Jahre wieder hören. Matthäus schreibt, *magoi* seien zur Krippe gepilgert. Martin Luther hat in seiner Bibelübersetzung daraus die »Weisen aus dem Morgenland« gemacht, was nicht ganz korrekt ist: *magoi* sind Magier. Damit sind allerdings eher keine Zauberer im Sinne der Ehrlich Brothers gemeint, die aus dem Nichts Monstertrucks entstehen lassen. Die *magoi* waren damals Universalgelehrte, die die Sterne beobachtet hatten; Luthers »Weise« trifft es also doch ganz gut. Die Namen der Gelehrten sind nicht überliefert, erst ab dem sechsten Jahrhundert kamen die ersten Varianten von Kaspar, Melchior und Balthasar hoch.

Auch die Zahl der zauberhaften Besucher stimmt möglicherweise nicht. Sie bringen mit Gold, Weihrauch und Myrrhe zwar drei verschiedene Geschenke mit – aber auch zwei oder fünf Menschen können zusammenlegen und drei Geschenke bringen. In alten Wandmalereien sind zwei beziehungsweise vier Männer dargestellt. Erst im Mittelalter verwandelten sich die Weisen in das blaublütige Trio. Einer der drei hat seither dunkle Haut, alle wurden damals zu den Stars der Krippenspiele. Sie symbolisieren die damals bekannten Erdteile Europa, Asien und Afrika.

Was manchem Sternsinger einen Zacken aus der Krone brechen könnte, ist die Tatsache, dass die Männer – ob Könige oder nicht – ganz sicher nicht heilig waren, das heißt: Sie wurden nie heiliggesprochen. Ein Schutzpatronat haben sie dennoch: Da sie so weit gereist sind, sollen sie sowohl andere Reisende als auch Gastwirte vor Unheil bewahren.

Übrigens: Der Dreikönigstag ist nur in einzelnen Bundesländern ein Feiertag – in Bayern, Baden-Württemberg sowie Sachsen-Anhalt. In allen anderen Ländern ist der 6. Januar ein normaler Arbeitstag, der häufig in die Weihnachtsferien von Schülern fällt.

KRIEGSBEUTE

Die Knochen der Heiligen Drei Könige

Wer heute eine Audienz bei den Heiligen Drei Königen haben möchte, muss nur nach Köln fahren: Nach katholischer Überlieferung liegen ihre Gebeine in einem mit Edelsteinen besetzten Schrein im Kölner Dom. Eine Klappe an der Vorderseite wird immer am 6. Januar geöffnet. Es ist möglich, dann auf die Schädel der Herren aus dem Morgenland zu blicken. Ihre Gebeine gehören zu den wertvollsten Reliquien des Mittelalters. Als Kaiser Friedrich Barbarossa 1162 Mailand eroberte, wo die Knochen bis dato im Dom aufbewahrt waren, schenkte er seinem Verbündeten Rainald von Dassel, dem damaligen Erzbischof von Köln, diesen Schatz. Ein Teil der Kriegsbeute gelangte 1903 zurück nach Mailand.

24 DER CHRIST-BAUM BLEIBT

WARUM BIS 2. FEBRUAR WEIHNACHTEN IST

Am Nachmittag des 12. Januar blickt Gurian aus dem Fenster und beobachtet zwei Nachbarn dabei, wie sie die abgeschmückten Weihnachtsbäume neben ihren Mülltonnen am Straßenrand ablegen. Ein weiterer Baum liegt sogar schon seit dem Spätnachmittag des 26. Dezember an einer Straßenecke. Annette hat beobachtet, welcher Nachbar ihn dort entsorgt hatte, und gewettert: »Ich kann wirklich nicht nachvollziehen, wie man sich bereits am zweiten Weihnachtsfeiertag von dieser Pracht trennen kann. Wir befinden uns noch im üppigsten Weihnachtstaumel, essen Plätzchen und lauschen festlichen Liedern. Wenn die Schwindhubers ihren Baum im kommenden Jahr noch etwas früher rausbringen, müssten wir ja beinahe keinen eigenen kaufen, sondern könnten ihren weiternutzen.« Bestimmt hätten die Schwindhubers, so Annette weiter, den Baum auch schon seit Ende November, also seit Spätsommer, wie sie es ausdrückte, im Wohnzimmer stehen gehabt.

»Die Stadtreinigung holt morgen die Weihnachtsbäume ab«, liest Gurian aus der Zeitung vor. »Daher bringen die anderen Nachbarn sie heute auf die Straße. Ist es gut, wenn ich unseren Baum auch abschmücke und rauslege?«

»Gurian, das ist sehr nett von dir – aber die Weihnachtszeit ist längst nicht vorbei«, sagt Annette. »Bei uns bestimmt nicht der Abholplan der Müllabfuhr, wann das Fest zu Ende ist. Wir richten uns immer noch nach dem Kirchenkalender.«

Das findet Gurian jetzt überraschend, denn abgesehen davon, dass der Baum in voller Montur im Wohnzimmer steht, erinnert im Alltag wahrlich nichts mehr ans Fest.

»Das wusste ich nicht«, sagt er. »Ich habe nur den Spruch ›... und wenn das fünfte Lichtlein brennt, dann hast du Weihnachten verpennt‹ aufgeschnappt. Das brennt offenbar noch nicht bei uns?«

»Wir haben gar nichts verpennt«, sagt Annette, »auch wenn bei uns gefühlt bald das sechste, siebte und achte Lichtlein brennt. Gurian, offiziell hört die Weihnachtszeit erst am 2. Februar auf. Bis dahin bleiben Krippe und Baum, wo und wie sie sind.«

Gurian zuckt. Am 2. Februar endet für ihn die Mission in der Vergangenheit, dann geht es zurück in die Zukunft. Anscheinend ist dieser 2. Februar wohl kein zufällig gewähltes Datum: Wenn an diesem Tag das offizielle Ende von Weihnachten ist, hat ihn Professor Zilius wohl absichtlich genau bis dahin unterwegs sein lassen. Zilius lag bei der Vorbereitung der Mission die Aufspürung der Weihnachtsbräuche am meisten am Herzen. Vermutlich weiß er ohnehin mehr darüber, denkt Gurian jetzt, als er ihm im Vorfeld gesagt hat.

O du Peinliche

Für viele Menschen ist Weihnachten mit dem Abend des 26. Dezember vorbei. Im Autoradio verstummen schlagartig die Weihnachtsschnulzen, der Countdown bis Silvester startet auf allen Kanälen. Für viele andere, vorwiegend katholische Gläubige aber ist klar: Der Christbaum bleibt. Offiziell endet die Weihnachtszeit laut katholischem Messbuch zwar am Sonntag nach Dreikönig. Nach der ursprünglichen, teilweise immer noch gelebten Tradition dauert sie aber bis »Mariä Lichtmess« am 2. Februar. Übrigens: Wer sagt, dass er vom ersten Advent an Weihnachten feiert, liegt auch falsch: Denn offiziell beginnt die Weihnachtszeit erst mit Weihnachten, vorher ist Advent oder Vorweihnachtszeit.

Jedenfalls: Gemäß der jüdischen Tradition durfte Maria, die Gottesmutter, 40 Tage nach der Geburt ihres Sohnes nicht in den Tempel gehen – sie galt als unrein. Nach der 40-Tages-Frist aber musste sie im Tempel ein Opfer für ihre Reinigung bringen. Maria und Josef machten sich also gemeinsam mit Jesus auf den Weg dorthin: 40 Tage nach der Geburt, woran heute am 2. Februar gedacht wird, also 40 Tage nach dem 25. Dezember.

Während der Zeremonie wurde Jesus als Marias erstgeborener Sohn von Gott »dargestellt«. Während dieser Handlung passierte etwas Denkwürdiges: Der alte Mann Simeon und die Prophetin Hanna sahen in Jesus »das Licht, das die Heiden erleuchtet«. Die beiden waren sicher: Bei diesem Kind handelt es sich um den Retter Israels.

Früher wurde der 2. Februar oft als »Mariä Reinigung« bezeichnet, dann galt der Tag als »Mariä

Lichtmess«. Heute wird oft von der »Darstellung des Herrn« gesprochen. Auch in den Kirchen werden erst jetzt die Krippen verstaut und, sofern noch nicht geschehen, die Weihnachtsbäume entsorgt. In der katholischen Messe werden zudem oft die Kerzen für das ganze Jahr geweiht.

**

Am 2. Februar haben die Hollerbachs den bereits stark nadelnden Baum abgeschmückt. Jürgen hackt ihn im Garten zu Brennholz. Gurian und Annette sehen zu.

Annette sagt mit Tränen in den Augen: »Gurian, du wirst uns so fehlen. Ich kann mir nicht vorstellen, dass du gleich einfach weg bist.«

»Ich bin nicht weg, ich bin in euch drin«, sagt Gurian. »Und ihr in mir. Und wisst ihr, was so wundervoll ist? Dank euch nehme ich das Weihnachtsfest mit in die Zukunft. Vom ersten Advent bis zum 2. Februar wird eure Familie in der Zukunft, das verspreche ich euch, Weihnachten vorbereiten und feiern – und ich hoffe, dass ich alle Leute um mich herum damit infizieren kann.« Es wird in Zukunft wieder Weihnachten geben, da ist sich Gurian sicher – mit Adventskranz, Tannenbaum und der *Stillen Nacht*. Selbst die *Weihnachtsbäckerei* nimmt er mit, mit Freuden. »Ich werde Heiligabend im Kreise der Familie sein und euch vermissen wie sonst nichts. Am ersten Feiertag wird Oma Trudes Ente gekocht.«

»Und wir, wir werden auch an dich denken, Weihnachten sogar noch mehr als im Rest des Jahres. Gurian, nächstes Jahr wird bereits unser drittes Kind dabei sein beim Fest«, sagt Annette und drückt Gurian fest an sich. »Ich freu mich so!«

Als Jürgen zurück im Haus ist, kommen auch die Kinder angerannt. Gurian umarmt alle und macht sich dann auf eigenen Wunsch allein auf den Weg zur Zeitkapsel. Er steigt hinein, und als er die inzwischen erneuerte PIN »2227« in das Display tippt, schließt sich die Tür.

Nadine Lucks unterhaltsamer Bayern-Knigge

»Eine amüsante Mischung aus Knigge und Liebesroman.«
(Nürnberger Nachrichten)

Jochen aus Wuppertal ist Hals über Kopf in Magdalena aus Bayern verliebt. Doch als er seine Herzensdame zum ersten Mal in ihrer Heimat besucht, tritt Jochen von einem Fettnäpfchen ins nächste, denn der weißblaue Himmel steigt ihm gehörig zu Kopf.

Doch mit jedem Tag gewinnt er mehr Verständnis für den *Bavarian Way of Life* und die Maß aller Dinge, und bald liebt er Land und Leute fast so sehr wie Magdalena.

Nadine Luck
Fettnäpfchenführer Bayern
Die Maß aller Dinge

ISBN 978-3-95889-203-3
ISBN 978-3-95889-213-2

Von der Autorin des »Fettnäpfchenführers Weihnachten«

CON BOOK.

Der Arzt, dem die Kiwis vertrauen

Mark Weinert
Doc Why Not
Der Arzt, dem die Kiwis vertrauen

📖 ISBN 978-3-95889-316-0
📱 ISBN 978-3-95889-320-7

Auch in einem Land, in dem sechsmal so viele Schafe leben wie Menschen, wollen die Einwohner medizinisch versorgt sein. Also macht sich der deutsche Doc Mark Weinert auf und zieht mit seiner Familie ans andere Ende der Welt.

Fortan ist er in Neuseeland als Narkosearzt für das Leben seiner Patienten verantwortlich, und schnell erfährt er, warum sich trotz mancher Ähnlichkeiten nicht nur die Kultur, sondern auch die Medizin zwischen den Halbkugeln gehörig unterscheidet. Oder wussten Sie, was der Arztberuf mit einer Autobahnfahrt gemeinsam hat, welche chronischen Erkrankung bei den Kiwis besonders in sind und wie man sich verhält, wenn das Krankenhaus von einem Erdbeben erfasst wird?

Der ultimative Atlas gegen Heimweh

Markus Lesweng
How to Kill Yourself daheim
Der Atlas für wahnsinnig Heimat-
verbundene und heimatverbundene
Wahnsinnige

🕮 ISBN 978-3-95889-303-0
🕮 ISBN 978-3-95889-329-0

Deutschland, Österreich und die Schweiz – drei hochgradig unterbewertete Reiseländer, die jede Menge bieten können. Spektakuläre Vulkane, verlassene Testgebiete für nukleare Sprengkörper und haufenweise Giftspinnen gehören jedoch nicht dazu. Heißt das, man muss bei Ausflügen vor der eigenen Haustür auf den Nervenkitzel verzichten? Mitnichten.

Dieser Atlas nimmt Sie mit auf eine aufregende Reise quer durch die drei Länder und ihre risikoreichsten Orte. Zwischen Nordsee und Hochalpen finden sich nicht nur bekannte, aber gefährlich unterschätzte Sehenswürdigkeiten, sondern auch bergeweise Überraschungen.

Vom Autor von »How to Kill Yourself Abroad«, dem Atlas für die gefährlichsten Reiseziele weltweit

CON BOOK.